CODE PÉNAL
DE L'EMPIRE D'ALLEMAGNE

Französische Übersetzung des Deutschen Strafgesetzbuchs, auf Grund der amtlichen Ausgabe des Deutschen Strafgesetzbuchs mit französischer Übersetzung von 1878 unter Berücksichtigung der Änderungen und Ergänzungen besorgt von

Staatsanwalt Dr. Rosenfeld

Berlin 1916

J. Guttentag, Verlagsbuchhandlung
G. m. b. H.

TABLE DES MATIÈRES.

PREMIÈRE PARTIE.

Des peines en matière criminelle, de délits et de contraventions en général.

DEUXIÈME PARTIE.

Des divers crimes, délits et contraventions, et de leur punition.

CODE PÉNAL DE L'EMPIRE D'ALLEMAGNE.

Dispositions préliminaires.

§ 1. L'infraction que les lois punissent de la peine de mort, de la réclusion ou de la détention de plus de cinq ans dans une forteresse, est un crime.

L'infraction que les lois punissent de la détention jusqu'à cinq ans dans une forteresse, de l'emprisonnement ou d'une amende de plus de cent cinquante marks, est un délit.

L'infraction que les lois punissent des arrêts ou d'une amende jusqu'à cent cinquante marks, est une contravention.

§ 2. Nul fait ne pourra être puni de peines qui n'étaient pas édictées au moment où il a été commis.

En cas de divergence des lois à compter du moment où le fait a été commis jusqu'à l'époque où le jugement est rendu, la loi la moins rigoureuse est seule applicable.

§ 3. Les lois pénales de l'Empire d'Allemagne régissent toutes les infractions commises sur le territoire de l'Empire, même par des étrangers.

§ 4. Les crimes et délits commis en pays étranger ne sont, en règle générale, soumis à aucune poursuite.

Pourra néanmoins être poursuivi d'après les lois pénales de l'Empire d'Allemagne :

1° tout Allemand ou étranger qui, en pays étranger, se sera rendu coupable de haute-trahison envers l'Empire d'Allemagne ou un des États de la Confédération, ou du crime de fausse monnaie, ou bien qui, comme fonctionnaire de l'Empire d'Allemagne ou d'un des États de la Confédération, aura commis un fait réputé crime ou délit de fonctionnaire dans les lois de l'Empire d'Allemagne ;

2° tout Allemand qui, en pays étranger, se sera rendu coupable du crime de trahison envers l'Empire d'Allemagne ou un des États de la Confédération, ou d'offense envers un Souverain de la Confédération ;

3° tout Allemand, qui se sera rendu coupable, en pays étranger, d'un acte qualifié crime ou délit par les lois de l'Empire d'Allemagne et punissable d'après les lois du lieu où il a été commis.

La poursuite pourra même avoir lieu lorsque l'auteur du crime ou délit n'aurait pas encore, lors de l'infraction, eu la qualité d'Allemand. Néanmoins, dans ce dernier cas, la poursuite ne pourra avoir lieu que sur la demande de l'autorité compétente du pays où l'infraction a été commise. La loi du pays étranger devra être appliquée, si elle inflige une peine moins rigoureuse.

§ 5. Il n'y a pas lieu à poursuite dans les cas déterminés par le n° 3 du § 4:

1° lorsqu'un jugement passé en force de chose jugée aura déjà été rendu sur le fait par un tribunal étranger et que le prévenu aura été acquitté ou aura subi sa peine ;

2° lorsque la poursuite ou la peine seront prescrites d'après la loi étrangère ou lorsqu'il aura été fait remise de la peine ;

3° lorsque la partie lésée n'aura pas formé la demande requise pour la poursuite par la législation étrangère.

§ 6. Les contraventions commises en pays étranger ne pourront être punies que dans le cas où il existerait à cet égard des lois spéciales ou des traités.

§ 7. La peine subie en pays étranger devra être imputée sur la peine à prononcer, lorsque la même infraction aura été suivie d'une nouvelle condamnation sur le territoire de l'Empire d'Allemagne.

§ 8. Tout territoire ne faisant point partie de l'Empire d'Allemagne sera considéré comme pays étranger dans le sens du présent Code.

§ 9. Nul Allemand ne pourra être extradé au gouvernement d'un pays étranger pour y être poursuivi ou puni.

§ 10. Les lois pénales générales de l'Empire s'appliquent aux personnes faisant partie de l'armée allemande, à moins que les lois militaires n'en disposent autrement.

§ 11. Nul membre des Diètes ou Chambres d'un des États de l'Empire n'est responsable, hors de l'Assemblée dont il fait partie, de ses votes ou des discours prononcés par lui dans l'exercice de son mandat.

§ 12. Les comptes-rendus fidèles des débats des Diètes ou des Chambres d'un des États de l'Empire ne pourront donner lieu à aucune poursuite.

Première Partie.

Des peines en matières criminelles, de délits et de contraventions en général.

Première Section.

Des peines.

§ 13. Tout condamné à mort aura la tête tranchée.

§ 14. La réclusion est une peine perpétuelle ou temporaire.

Le maximum de la réclusion à temps est de quinze ans, le minimum d'un an.

La réclusion à temps sera appliquée toutes les fois que la loi n'infligera pas expressément la réclusion à perpétuité.

§ 15. Les condamnés à la peine de la réclusion seront astreints aux travaux établis dans la maison de force.

Ils pourront aussi être occupés à des travaux hors de l'enceinte de l'établissement, notamment à des travaux publics ou surveillés par une administration de l'État. Ce genre de travail ne sera admis que si les condamnés sont tenus séparés des travailleurs libres.

§ 16. Le maximum de l'emprisonnement est de cinq ans, le minimum d'un jour.

Les condamnés à la peine de l'emprisonnement pourront être employés dans une prison à des travaux conformes à leurs facultés et à leur condition; ils devront l'être de cette manière s'ils le demandent.

Ils ne pourront être employés à des travaux hors de la prison (§ 15) que de leur consentement.*

§ 17. La détention dans une forteresse est une peine perpétuelle ou temporaire.

Le maximum de la détention à temps dans une forteresse est de quinze ans; le minimum est d'un jour.

La détention dans une forteresse est à temps, toutes les fois que la loi ne déclare pas expressément qu'elle sera à perpétuité.

Les condamnés à la peine de la détention dans une forteresse seront privés de la liberté; leurs occupations et leur manière de vivre seront surveillées; ils subiront leur peine dans des forteresses ou autres lieux à ce destinés.

§ 18. Le maximum de la peine des arrêts est de six semaines, le minimum d'un jour.

La peine des arrêts consiste uniquement dans la privation de la liberté.

§ 19. Pour l'exécution des peines, les jours sont de vingt-quatre heures, les semaines de sept jours; lorsqu'il s'agira de mois ou d'années, on suivra les indications du calendrier.

La durée de la réclusion ne se comptera que par mois complets; pour toute autre peine corporelle on comptera par jours complets.

§ 20. Dans les cas ou la loi laisse le choix entre la peine de la réclusion et celle de la détention dans une forteresse, la peine de la réclusion ne pourra être appliquée, que s'il est constaté que le fait reconnu punissable est le fruit d'un manque de sentiments honorables.

§ 21. La condamnation à huit mois de réclusion équivaut à un emprisonnement d'un an; celle de huit mois d'emprisonnement à un an de détention dans une forteresse.

§ 22. Les condamnations à la peine de la réclusion et à celle de l'emprisonnement pourront, soit pour le tout, soit pour une partie, être subies d'après le système cellulaire, en

* Ce consentement n'est point obligatoire durant la guerre actuelle (Bulletin des Lois de l'Empire 1915 p. 130).

ce sens que le condamné sera tenu, sans interruption, séparé des autres prisonniers.

L'isolement ne pourra être prolongé au delà de trois ans qu'avec le consentement du détenu.

§ 23. Les condamnés à la peine de la réclusion ou à celle de l'emprisonnement pour une longue durée de temps pourront, s'ils y consentent, obtenir leur libération provisoire lorsqu'ils auront subi les trois quarts, mais au moins une année de leur peine et qu'ils se seront d'ailleurs bien conduits pendant ce temps.

§ 24. La libération provisoire pourra être révoquée en tout temps, soit pour inconduite du libéré, soit lorsqu'il enfreindra les obligations qui lui auront été imposées lors de sa mise en liberté provisoire.

En ce cas, le temps écoulé depuis la mise en liberté provisoire jusqu'au nouvel écrou ne sera pas imputé sur la durée de la peine prononcée.

§ 25. Les arrêtés sur la mise en liberté provisoire ou sur la révocation de cette mesure sont du ressort de l'administration supérieure de la justice. L'arrêté de libération ne sera rendu qu'après avis préalable pris auprès de l'administration de la prison.

L'arrestation provisoire du libéré pourra être ordonnée pour des motifs graves de sûreté publique par la police de la résidence du libéré. En ce cas, l'arrêté pour la révocation définitive de la mise en liberté devra être requis immédiatement.

Lorsque l'arrestation provisoire aura été suivie de la révocation définitive de la mise en liberté, cette révocation sera censée avoir eu lieu le jour de l'arrestation provisoire.

§ 26. Lorsque le temps de la détention fixé par le jugement se sera écoulé sans que la révocation de la libération provisoire ait eu lieu, la peine sera réputée subie.

§ 27. Le minimum de l'amende pour crimes et délits est de trois marks, le minimum de l'amende pour contraventions est d'une mark.

§ 28. En cas d'insolvabilité du condamné, l'amende sera convertie en emprisonnement, et, si elle a été prononcée pour une contravention, en arrêts.

Si, pour un délit, la loi édicte seulement une amende, ou en premier lieu une amende, ou bien une amende ou des arrêts au choix du juge, l'amende pourra être convertie en arrêts si elle ne dépasse pas six cents marks et si la peine corporelle qui doit y être substituée n'excède pas six semaines.

Lorsque l'amende a été prononcée conjointement avec la peine de la réclusion, l'emprisonnement qui la remplace devra être converti en réclusion conformément au § 21.

Le condamné pourra obtenir sa mise en liberté en payant l'amende jusqu'à concurrence de la somme qui n'est pas encore éteinte par la peine déjà subie.

§ 29. Pour la conversion de l'amende en peine d'emprisonnement ou d'arrêts l'amende de trois à quinze marks prononcée pour crime et délit, et l'amende d'une à quinze marks prononcée pour contravention équivalent à un jour d'emprisonnement ou d'arrêts.

Le minimum de la peine à substituer à l'amende est d'un jour; le maximum est de six semaines pour les arrêts et d'une année pour l'emprisonnement. Si cependant la durée de la peine corporelle applicable alternativement avec l'amende n'atteint pas le maximum de la peine à substituer à l'amende ainsi qu'il est dit ci-dessus, le juge ne pourra substituer à l'amende une peine corporelle supérieure au maximum de la peine corporelle principale qu'il aurait pu appliquer dans l'espèce.

§ 30. Le recouvrement d'une amende ne pourra être poursuivi contre une succession que lorsque le jugement aura acquis force de chose jugée avant le décès du condamné.

§ 31. La condamnation à la peine de la réclusion emportera de plein droit l'incapacité perpétuelle de servir dans l'armée allemande et dans la marine impériale et d'excercer des fonctions publiques.

Seront aussi considérées comme fonctions publiques, dans le sens de la loi pénale, celles d'avocat, d'avoué, de notaire, de juré et d'échevin.

§ 32. Les individus condamnés à la peine de mort ou à la réclusion pourront en même temps être condamnés à la privation des droits civiques. Les individus condamnés à la peine de l'emprisonnement ne pourront être privés de ces droits que lorsque l'emprisonnement prononcé contre eux atteindra la durée de trois mois et que la loi reconnaîtra expressément au juge le droit de prononcer la privation de ces droits, ou qu'à raison de l'admission de circonstances atténuantes l'emprisonnement aura été substitué à la peine de la réclusion.

La durée de la privation des droits civiques sera de deux ans au moins et de dix ans au plus en cas de condamnation à la réclusion à temps, et d'un an au moins et de cinq ans au plus en cas de condamnation à l'emprisonnement.

§ 33. L'interdiction des droits civiques emporte la privation permanente des droits conférés par vote ou élection publics et celle des fonctions ou emplois publics, dignités, titres, ordres ou décorations.

§ 34. L'interdiction des droits civiques emportera en outre l'incapacité, pendant le temps déterminé par le jugement:

1° de porter la cocarde nationale;

2° de servir dans l'armée allemande ou dans la marine impériale;

3° d'obtenir des emplois publics, dignités, titres, ordres et décorations;

4° de voter dans les affaires publiques, d'être électeur ou éligible, ou bien d'exercer d'autres droits politiques;

5° d'être témoins dans les actes publics;

6° d'être tuteur ou subrogé tuteur, curateur, conseil d'une mère ou membre d'un conseil de famille, à moins qu'il ne s'agisse des descendants du condamné et que l'autorité pupillaire ou le conseil de famille n'y donnent leur autorisation.

§ 35. Dans tous les cas, ou le condamné peut être privé des droits civiques, le juge pourra, conjointement avec l'emprisonnement, le priver du droit de remplir des fonctions publiques pendant la durée d'un à cinq ans.

Le jugement qui prononcera cette peine emportera de plein droit la destitution du condamné, s'il est fonctionnaire public.

§ 36. L'interdiction des droits civiques et celle des emplois publics produisent leur effet du moment ou le jugement a acquis l'autorité de la chose jugée; la durée de l'interdiction compte à partir du jour ou la peine corporelle prononcée conjointement avec elle est subie, prescrite ou remise.

§ 37. Toutes les fois qu'un Allemand aura été puni, en pays étranger, pour un crime ou un délit emportant ou pouvant emporter, d'après les lois de l'Empire d'Allemagne, la privation des droits civiques en général ou de certains droits civiques en particulier, la poursuite pourra être reprise à l'effet de faire prononcer la privation de ces droits.

§ 38. Tout jugement qui condamne à une peine emportant privation de la liberté pourra, dans les cas déterminés par la loi, déclarer admissible dans l'espèce la surveillance de la police.

Une telle décision autorise la haute police, l'administration de la prison préalablement entendue, à renvoyer le condamné sous la surveillance de la police pour un délai de cinq ans au plus.

Ce délai comptera du jour où la peine aura été subie, prescrite ou remise.

§ 39. Les effets de la mise sous la surveillance de la haute police consistent :

1° dans le droit conféré à la haute police de défendre au condamné de résider dans certains lieux déterminés;

2° dans la faculté conférée à la haute police d'expulser le condamné s'il est étranger, du territoire de la Confédération ;

3° dans le droit d'opérer à toute heure des perquisitions domiciliaires chez le condamné.

§ 40. Pourront être confisqués les objets provenant d'un crime ou d'un délit volontaire, ou employés ou destinés à la perpétration d'un crime ou d'un délit volontaire, si ces objets appartiennent à l'auteur du crime ou délit ou à un de ses complices.

La confiscation devra être prononcée par le jugement.

§ 41. Lorsque le contenu d'un écrit, d'une image ou d'une imitation ou reproduction quelconque sera punissable, le jugement devra ordonner que tous les exemplaires, ainsi que les planches ou formes destinées à les reproduire, seront mis hors d'état de servir.

Néanmoins cette disposition ne comprendra que les exemplaires qui se trouvent entre les mains de l'auteur, de l'imprimeur, de l'éditeur ou du libraire, et ceux publiquement étalés ou offerts en vente.

Lorsque l'écrit, l'image ou la reproduction ne sont incriminés qu'en partie, le jugement devra ordonner, si une distinction est possible, que les passages incriminés et la partie des planches et formes où se trouvent ces passages soient seuls mis hors d'état de servir.

§ 42. Lorsque, dans les cas prévus par les §§ 40 et 41, la poursuite ou la condamnation d'une personne déterminée ne pourra s'opérer, les mesures susdites pourront être ordonnées isolément.

Deuxième Section.

De la tentative.

§ 43. Quiconque, par des actes constituant un commencement d'exécution, aura manifesté la résolution de commettre un crime ou un délit, sera puni pour tentative lorsque ce crime ou délit n'aura pas été consommé.

Néanmoins la tentative d'un délit ne sera punie que dans les cas expressément déterminés par la loi.

§ 44. La tentative d'un crime ou d'un délit sera punie d'une peine moins forte que le crime ou le délit consommés.

Lorsque le crime consommé est puni de la peine de mort ou celle de la réclusion à perpétuité, la tentative sera punie de trois ans de réclusion au moins, et la surveillance de la police pourra en outre être déclarée admissible.

Lorsque le crime consommé est puni de la détention à perpétuité dans une forteresse, la tentative sera punie de trois ans au moins de la même peine.

Dans les autres cas la peine pourra être réduite au quart du minimum de la peine corporelle et de l'amende applicables au crime ou au délit consommés. Lorsque, d'après cette disposition, la peine devrait être de moins d'un an de réclusion, cette peine sera convertie, conformément au § 21, en celle de l'emprisonnement.

§ 45. Lorsque, conjointement avec la peine du crime ou du délit consommés, l'interdiction des droits civiques peut ou doit être prononcée, ou que la surveillance de la police peut être déclarée admissible, ces peines seront également applicables à la tentative.

§ 46. La tentative n'est pas punie, lorsque son auteur :

1° aura abandonné l'exécution de l'acte projeté sans avoir été empêché dans son exécution par des circonstances indépendantes de sa volonté, ou

2° lorsqu'il aura, à une époque où l'acte n'a pas encore été découvert, détourné par son propre fait l'effet qui constitue la consommation du crime ou du délit.

Troisième Section.

De la complicité.

§ 47. Lorsque plusieurs personnes auront commis ensemble un acte punissable, chacune d'elles sera punie comme auteur.

§ 48. Sera puni comme complice par instigation quiconque aura volontairement déterminé une personne à commettre un acte punissable accompli par elle, soit au moyen de dons ou de promesses, de menaces, d'abus d'autorité ou de pouvoir, soit en provoquant ou entretenant volontairement chez elle une erreur afin de lui faire commettre cet acte, soit par tout autre moyen.

La peine du complice par instigation sera déterminée par la même loi que celle qui est applicable à l'auteur principal.

§ 49. Sera puni comme complice par assistance quiconque aura sciemment assisté l'auteur, par des conseils ou des actes, dans la perpétration d'un crime ou d'un délit.

La peine du complice par assistance sera déterminée par la loi applicable au fait auquel il aura prêté son concours en connaissance de cause ; elle devra néanmoins être réduite selon les dispositions qui règlent la répression de la tentative.

§ 49 a. Quiconque aura invité une personne à accomplir un crime ou à y participer comme complice, quiconque aura accepté une semblable invitation, sera puni, à moins que la loi n'édicte une autre peine, d'un emprisonnement de trois mois au moins, si le crime dont s'agit entraîne la peine de mort ou celle de la réclusion à perpétuité ; si ce crime entraîne une peine moindre, le coupable sera puni d'un emprisonnement de deux ans au plus ou de la détention dans une forteresse pour la même durée.

La même peine sera applicable à celui qui s'offrira à accomplir un crime ou à y participer comme complice, ainsi qu'à celui qui acceptera une pareille offre.

Néanmoins l'invitation ou l'offre purement verbales, de même que l'acceptation, ne seront punies que dans les cas où l'invitation ou l'offre aurait été faite sous la condition d'un avantage quel qu'il soit.

Le juge pourra, outre la peine de l'emprisonnement, condamner à la privation des droits civiques et déclarer admissible la surveillance de la police.

§ 50. Lorsque la loi aggrave ou mitige la pénalité d'un acte à raison de certaines qualités ou circonstances personnelles à celui qui le commet, ces qualités et circonstances devront être prises en considération à l'égard de l'auteur ou du complice (co-auteur, complice par instigation, complice par assistance) chez lequel elles se rencontreront.

Quatrième Section.

Des circonstances qui excluent ou atténuent les peines.

§ 51. Il n'y a pas d'acte punissable lorsque son auteur était, lors de la perpétration de cet acte, privé de connaissance ou dans un état maladif de trouble mental qui excluait le libre exercice de sa volonté.

§ 52. Il n'y a pas d'acte punissable lorsque son auteur y a été contraint par une violence irrésistible ou par une menace accompagnée d'un danger actuel pour sa personne ou sa vie, ou pour celles d'un de ces proches, et qu'il n'a pu détourner autrement.

Sont considérés comme proches, dans le sens du présent Code, les parents et alliés en ligne descendante et ascendante ; les père, mère et enfants adoptifs et nourriciers ; les conjoints ; les frères, sœurs et leurs conjoints ; les fiancés.

§ 53. Il n'y a pas d'acte punissable lorsqu'il a été commandé par la légitime défense.

La légitime défense est celle qui est nécessaire pour détourner de soi-même ou d'autrui une aggression actuelle et illégale.

L'excès de la légitime défense ne sera pas punissable lorsque l'auteur, dans le trouble, la crainte ou la terreur, aura dépassé les bornes de la défense.

§ 54. Il n'y a pas d'acte punissable lorsque l'auteur l'a commis, en dehors du cas de légitime défense, pour sauver sa personne ou sa vie ou celles d'un de ces proches dans un danger actuel dont il n'était pas la cause et qu'il ne pouvait détourner autrement.

§ 55. Ne pourra être poursuivi en justice quiconque, lors de la perpétration de l'infraction, n'aura pas accompli sa douzième année.

Néanmoins le coupable pourra, conformément aux lois particulières des États Fédéraux, être soumis à des mesures de correction et de surveillance.

Il ne pourra cependant être placé dans une famille ou dans une maison d'éducation ou de correction qu'après que le tribunal des tutelles aura reconnu sa culpabilité et déclaré admissible la mesure en question.

§ 56. Tout individu poursuivi pour un acte punissable commis par lui après avoir accompli sa douzième année, mais avant d'avoir dix-huit ans révolus, sera acquitté lorsqu'il aura été reconnu avoir agi sans le discernement nécessaire pour comprendre la culpabilité de son action.

En ce cas le jugement décidera si le prévenu sera rendu à sa famille ou s'il sera enfermé dans une maison d'éducation ou de correction. Il sera détenu dans cet établissement aussi longtemps que l'autorité administrative compétente le jugera nécessaire ; il ne pourra toutefois l'être au-delà de sa vingtième année révolue.

§ 57. Lorsqu'un individu âgé de plus de douze ans et de moins de dix-huit ans révolus sera condamné pour avoir commis dans cet intervalle un acte punissable avec le discernement nécessaire pour en comprendre la culpabilité, il y aura lieu de lui appliquer les dispositions suivantes :

1° lorsque l'acte est puni de la peine de mort ou de celle de la réclusion à perpétuité, il sera condamné à un emprisonnement de trois à quinze ans ;

2° lorsque l'acte est puni de la peine de la détention à perpétuité dans une forteresse, cette détention sera prononcée pour la durée de trois à quinze ans ;

3° lorsque l'acte est puni de la peine de la réclusion ou d'un genre de peine autre que la réclusion, la peine pourra être réduite au minimum légal du genre de peine applicable, et sera, tout au plus, de la moitié du maximum que la loi applique au fait en question.

La peine de la réclusion sera, dans ce cas, remplacée par un emprisonnement d'égale durée ;

4° lorsque l'acte constituera un délit ou une contravention, le tribunal pourra, dans les cas d'une importance minime, se contenter d'infliger une réprimande au prévenu ;

5° le juge ne pourra lui appliquer la peine de la privation des droits civiques en général, ni de certains droits civiques en particulier ; il ne pourra non plus déclarer la surveillance de la police admissible à son égard.

Les peines corporelles devront être subies dans des établissements ou des sections spécialement affectés à la détention de jeunes condamnés.

§ 58. Le sourd-muet dépourvu de l'intelligence nécessaire pour comprendre la culpabilité de l'acte par lui commis devra être acquitté.

§ 59. Lorsque, en commettant un acte punissable, son auteur ignorait l'existence de circonstances qui en constituent le caractère délictueux ou qui en aggravent la peine, ces circonstances ne lui seront point imputées.

A l'égard des actes involontaires commis par négligence ou imprudence, cette dernière disposition n'est applicable qu'autant que l'ignorance n'est pas elle-même le résultat d'une négligence ou d'une imprudence.

§ 60. La détention préventive pourra, par le jugement de condamnation, en tout ou en partie être imputée sur la peine prononcée.

§ 61. Lorsqu'un fait ne peut-être poursuivi que sur demande, la poursuite ne pourra plus avoir lieu si la personne, qui avait qualité pour former la demande ne l'a pas fait dans les trois mois. Ce délai court à partir du jour où cette personne a eu connaissance du fait et de son auteur.

§ 62. Si l'une des parties qui ont le droit de former la demande a négligé de le faire dans les trois mois, les autres conservent néanmoins leur droit.

§ 63. La demande ne peut être divisée. La poursuite a lieu contre tous les individus (auteurs ou complices) qui ont participé à l'infraction ou qui l'ont favorisée, lors même que la demande n'aura été formée que contre l'un d'eux.

§ 64. La demande ne pourra être retirée que dans les cas prévus par la loi et jusqu'à la prononciation d'un jugement de condamnation.

Le retrait, en temps utile, de la demande contre l'un des individus désignés ci-dessus emportera la cessation des poursuites contre les autres.

§ 65. Le mineur âgé de dix-huit ans révolus peut valablement demander une condamnation.

Tant que le lésé est mineur, son représentant légal peut former la demande pour lui, indépendamment de la faculté qui compète au mineur lui-même.

Si le lésé est juridiquement incapable ou s'il n'a pas accompli la dix-huitième année, c'est le représentant légal qui a qualité pour former la demande.

§ 66. La poursuite des infractions et l'exécution des peines s'éteignent par la prescription.

§ 67. La poursuite est prescrite :

par vingt années révolues, lorsqu'il s'agit de crimes punis de la peine de mort ou de celle de la réclusion à perpétuité ;

par quinze années révolues, lorsqu'il s'agit de crimes punis au maximum d'une peine corporelle de plus de dix ans ;

par dix années révolues, lorsqu'il s'agit de crimes punis d'une peine corporelle d'une moindre durée.

La poursuite des délits punis au maximum d'un emprisonnement de plus de trois mois se prescrit par cinq ans ; celle des autres délits par trois ans.

La poursuite des contraventions se prescrit par trois mois.

La prescription commence à courir le jour où l'acte a été commis, sans égard au moment où il a eu son effet.

§ 68. La prescription est interrompue par tout acte du juge dirigé contre l'auteur du fait incriminé et à raison de ce fait.

L'interruption n'a lieu qu'à l'égard de celui des inculpés que l'acte du juge concerne.

Une nouvelle prescription commence à courir après l'acte interruptif de la prescription.

§ 69. La prescription est suspendue tant que la poursuite n'a pu être commencée ou continuée, à raison des règles de la loi. Lorsque le commencement ou la continuation de la poursuite dépend de la décision d'une question préjudicielle qui doit être résolue dans une autre procédure, la prescription reste suspendue jusqu'à la clôture de cette procédure.

Lorsque un fait ne peut être poursuivi que sur demande ou autorisation, la prescription court quand même la demande ou l'autorisation n'a pas été formée.

§ 70. L'exécution des peines passées en force de chose jugée se prescrit :

1° par trente années révolues, lorsqu'il s'agit de la peine de mort, de celle de la réclusion à perpétuité, ou de celle de la détention à perpétuité dans une forteresse ;

2° par vingt années révolues, lorsqu'il s'agit de la peine de la réclusion de plus de dix ans ;

3° par quinze années révolues, lorsqu'il s'agit de la peine de la réclusion jusqu'à dix ans, de celle de la détention dans une forteresse ou d'un emprisonnement de plus de cinq ans;

4° par dix années révolues, lorsqu'il s'agit de la détention dans une forteresse ou d'un emprisonnement de deux à cinq ans ou d'une amende de plus de six mille marks;

5° par cinq années révolues, lorsqu'il s'agit de la détention dans une forteresse ou d'un emprisonnement jusqu'à deux ans ou d'une amende de plus de cent cinquante marks jusqu'à six mille marks;

6° par deux années révolues, lorsqu'il s'agit des arrêts ou d'une amende jusqu'à cent cinquante marks.

La prescription commence à courir le jour où le jugement a acquis force de chose jugée.

§ 71. Lorsqu'un jugement porte à la fois, pour le même fait, condamnation à l'amende et à une peine corporelle, l'amende ne se prescrit pas avant cette dernière peine.

§ 72. La prescription est interrompue par tout acte de l'autorité compétente tendant à faire exécuter la peine, ainsi que par l'arrestation du condamné opérée à fin d'exécution.

Après l'interruption de l'exécution de la peine une nouvelle prescription commence à courir.

Cinquième Section.

Du concours de plusieurs actes punissables.

§ 73. Lorsque par un seul et même fait quelqu'un aura enfreint plusieurs lois pénales, le juge appliquera la loi qui inflige la peine la plus forte, et, si ces lois contiennent différents genres de peines, celle qui inflige le genre de peine le plus rigoureux.

§ 74. Quiconque aura, par plusieurs actes distincts, commis plusieurs crimes ou délits, ou plusieurs fois le même crime ou délit, et aura par là encouru plusieurs peines corporelles temporaires, sera condamné à une seule peine, qui consistera dans une augmentation de la peine la plus rigoureuse qu'il aura encourue.

En cas de concours de peines corporelles de genres différents, l'augmentation portera sur la peine du genre le plus rigoureux.

La durée de la peine prononcée ne pourra atteindre le montant total des peines encourues, ni excéder quinze ans de réclusion, dix ans d'emprisonnement ou quinze ans de détention dans une forteresse.

§ 75. Lorsqu'il y aura lieu de prononcer la peine de la détention dans une forteresse conjointement avec celle de l'emprisonnement, mais non avec celle de la réclusion, chacune de ces deux peines sera appliquée séparément.

Lorsque la peine de la détention dans une forteresse ou celle de l'emprisonnement aura été encourue plusieurs fois, il y aura lieu d'appliquer ces deux genres de peines comme s'ils avaient été encourus séparément.

La durée totale des peines ne pourra dans ces cas dépasser quinze ans.

§ 76. La condamnation à une peine encourue pour plusieurs infractions n'exclut pas l'interdiction des droits civiques lors même que celle-ci ne peut ou ne doit être prononcée conjointement qu'avec l'une des peines encourues.

De même les tribunaux pourront déclarer admissible la surveillance de la police, lors même que cette mesure ne serait prévue que pour l'une des infractions.

§ 77. Lorsqu'il s'agira d'appliquer la peine des arrêts conjointement avec une autre peine corporelle, la première sera prononcée séparément.

Lorsque la peine des arrêts aura été encourue plusieurs fois, les différentes peines seront additionnées, sans pourtant que le total puisse excéder trois mois.

§ 78. Les amendes encourues pour plusieurs infractions, soit comme peine unique, soit conjointement avec une peine corporelle, seront additionnées.

En cas de conversion de plusieurs amendes, le maximum de la peine substituée sera un emprisonnement de deux ans, et, lorsque les amendes n'auront été prononcées que pour contraventions, les arrêts de trois mois.

§ 79. Les dispositions des §§ 74 à 78 seront également applicables lorsque, avant l'exécution, la prescription ou la remise de la peine prononcée, il interviendra une condamnation pour une infraction commise avant le jugement antérieur.

Deuxième Partie.

Des divers crimes, délits et contraventions, et de leur punition.

Première Section.

De la haute-trahison et de la trahison envers l'État.

§ 80. Seront qualifiés crime de haute-trahison et punis de mort: l'assassinat et la tentative d'assassinat commis sur la personne de l'Empereur, sur celle du Souverain de l'État dont le coupable est le sujet, ou sur celle du Souverain d'un État de la Confédération où séjourne le coupable à l'époque du crime.

§ 81. Outre les cas prévus par le § 80, sera réputé coupable de haute-trahison et puni de la réclusion à perpétuité ou de la détention à perpétuité dans une forteresse, tout individu qui aura entrepris :

1° de tuer un des Souverains de la Confédération, de le faire prisonnier, de le livrer au pouvoir de l'ennemi, ou de le rendre incapable de régner;

2° de changer par violence la Constitution de l'Empire d'Allemagne ou celle d'un des États de la Confédération, ou l'ordre de successibilité au trône établi dans l'un de ces États ;

3° d'incorporer par violence le territoire de la Confédération, en tout ou en partie, à un État étranger, ou d'en détacher par violence une partie du territoire, ou

4° d'incorporer par violence, en tout ou en partie, le territoire d'un État de la Confédération à un autre État de cette Confédération, ou bien d'en détacher une partie.

En cas de circonstances atténuantes, la peine sera celle de la détention dans une forteresse pendant cinq ans au moins.

Le condamné pourra en outre être privé de ses fonctions publiques et des droits à lui conférés par des élections publiques.

§ 82. Devra être considéré comme constitutif du crime consommé de haute-trahison tout acte commis pour la réalisation directe d'une pareille entreprise.

§ 83. Seront punis de cinq ans au moins de réclusion, ou de la détention d'une durée égale dans une forteresse, ceux qui auront concerté entre eux l'exécution d'une entreprise qualifiée haute-trahison, même sans qu'il y ait eu commencement d'un acte punissable aux termes du § 82.

En cas de circonstances atténuantes, la peine sera la détention dans une forteresse pendant deux ans au moins.

Le condamné pourra en outre être privé de ses fonctions publiques et des droits à lui conférés par des élections publiques.

§ 84. Les peines portées au § 83 seront également applicables à ceux qui, à l'effet de préparer l'exécution d'un crime de haute-trahison, auront entretenu des intelligences avec un gouvernement étranger, ou qui auront abusé du pouvoir à eux confié soit par l'Empire, soit par un des États confédérés, ou qui auront enrôlé des troupes ou les auront exercées dans le maniement des armes.

§ 85. Quiconque aura, soit publiquement devant une foule, soit par distribution, affichage public ou exposition publique d'écrits ou d'autres reproductions, provoqué à l'exécution d'un acte prévu par le § 82, sera puni de la réclusion jusqu'à dix ans ou de la détention d'une durée égale dans une forteresse.

En cas de circonstances atténuantes, la peine sera la détention de un à cinq ans dans une forteresse.

§ 86. Tout autre acte préparatoire d'une entreprise de haute-trahison sera puni de la réclusion jusqu'à trois ans ou de la détention d'une durée égale dans une forteresse.

En cas de circonstances atténuantes, la détention dans une forteresse sera de six mois à trois ans.

§ 87. Tout Allemand qui aura entretenu des intelligences avec un gouvernement étranger, afin de l'engager à entreprendre la guerre contre l'Empire d'Allemagne, sera puni, pour crime de trahison envers l'État, de cinq ans de réclusion au moins, et lorsque la guerre aura éclaté, de la réclusion à perpétuité.

En cas de circonstances atténuantes, la peine sera la détention dans une forteresse de six mois à cinq ans, et de cinq ans au moins lorsque la guerre aura éclaté.

Le condamné pourra en outre être privé de ses fonctions publiques et des droits à lui conférés par des élections publiques.

§ 88. Tout Allemand qui, pendant une guerre contre l'Empire d'Allemagne, sera entré au service de la puissance militaire ennemie ou qui aura porté les armes contre l'Empire d'Allemagne ou contre ses alliés, sera puni, pour crime de trahison envers l'État, de la réclusion à perpétuité ou de la détention à perpétuité dans une forteresse.

En cas de circonstances atténuantes, la peine sera celle de la détention pendant cinq ans au moins dans une forteresse.

Tout Allemand antérieurement engagé au service militaire étranger sera puni, pour crime de trahison envers l'État, de deux ans à dix ans de réclusion, ou de la détention d'une durée égale dans une forteresse, s'il reste au service de la puissance militaire ennemie après que la guerre a éclaté ou s'il porte les armes contre l'Empire d'Allemagne ou contre ses alliés. En cas de circonstances atténuantes, la peine sera la détention pendant dix ans au plus dans une forteresse.

Le condamné pourra en outre être privé de ses fonctions publiques et des droits à lui conférés par des élections publiques.

§ 89. Tout Allemand qui aura volontairement prêté assistance à une puissance ennemie pendant une guerre contre l'Empire d'Allemagne, ou qui aura porté préjudice à la puissance de guerre de l'Empire d'Allemagne ou à celle de ses alliés, sera puni, pour crime de trahison envers l'État, de la réclusion jusqu'à dix ans ou de la détention d'une durée égale dans une forteresse. En cas de circonstances atténuantes, la peine sera la détention jusqu'à dix ans dans une forteresse.

Le condamné pourra en outre être privé de ses fonctions publiques et des droits à lui conférés par des élections publiques.

§ 90. Sera puni de la réclusion à perpétuité qui, dans le cas prévu par l'article 89, aura

1° livré au pouvoir de l'ennemi soit des forteresses, défilés, places occupées ou autres postes de défense, soit des parties ou membres de la puissance militaire allemande ou des puissances alliées;

2° livré au pouvoir de l'ennemi ou détruit ou mis hors de service au profit de l'ennemi des ouvrages de fortification, navires ou embarcations de la marine de guerre, caisses publiques, provisions d'armes, de munitions ou d'autres provisions de guerre, ponts, chemins de fer, télégraphes et moyens de transport;

3° fourni à l'ennemi des secours en hommes, ou engagé des membres de l'armée allemande ou des armées alliées à déserter à l'ennemi;

4° communiqué à l'ennemi des plans d'opération ou des plans de forteresses ou de positions fortifiées;

5° servi d'espion à l'ennemi, ou recueilli ou recelé des espions de l'ennemi ou leur aura prêté assistance; ou

6° provoqué une révolte parmi les membres du pouvoir militaire allemand ou des pouvoirs militaires alliés.

Dans les cas moins graves la peine pourra être de dix ans au moins de réclusion.

En cas de circonstances atténuantes, la peine sera de cinq ans au moins de détention dans une forteresse.

Le condamné pourra en outre être privé de ses fonctions publiques et des droits à lui conférés par des élections publiques.

§ 91. Les étrangers coupables des crimes et délits prévus par les §§ 87, 89 et 90 seront traités suivant les usages de la guerre.

Si néanmoins ils ont commis ces actes pendant qu'ils résidaient sur le territoire de la Confédération et sous la protection de l'Empire d'Allemagne ou d'un des États Fédéraux, les peines déterminées par les §§ 87, 89 et 90 leur seront applicables.

§ 92. Sera puni de deux ans au moins de réclusion quiconque aura volontairement :

1° communiqué à un gouvernement étranger ou divulgué des secrets d'État ou des plans de forteresses, ou des documents, pièces ou renseignements, sachant que ces documents, pièces ou renseignements devaient être tenus cachés à ce gouvernement, dans l'interêt de l'Empire d'Allemagne ou d'un des États Fédéraux ;

2° anéanti, falsifié ou supprimé, au préjudice des droits de l'Empire d'Allemagne ou d'un des États Fédéraux, les documents ou moyens de preuve relatifs à ces droits vis-à-vis d'un gouvernement étranger ; ou

3° traité avec un autre gouvernement, au préjudice de ses commettants, une affaire d'État qui lui aura été confiée par l'Empire d'Allemagne ou par un des États Fédéraux.

En cas de circonstances atténuantes, la peine sera de six mois au moins de détention dans une forteresse.

§ 93. Lorsque, dans les cas prévus par les §§ 80, 81, 83, 84, 87 à 92, l'instruction est commencée, les biens présents du prévenu, ou ceux qui lui écherront plus tard, pourront être séquestrés jusqu'à l'époque de la clôture définitive du procès.

Deuxième Section.

Des offenses envers le Souverain de l'État.

§ 94. Quiconque se sera rendu coupable de voies de fait envers l'Empereur, envers le Souverain de l'État dont il est le sujet ou envers le Souverain d'un État de la Confédération pendant qu'il séjournait sur son territoire, sera puni de la réclusion à perpétuité ou de la détention à perpétuité dans une forteresse ; dans les cas moins graves il sera puni de cinq ans au moins de réclusion ou de la détention d'une durée égale dans une forteresse. Le condamné pourra en outre être privé de ses fonctions publiques et des droits à lui conférés par des élections publiques.

En cas de circonstances atténuantes, la peine sera de cinq ans au moins de détention dans une forteresse.

§ 95. Quiconque se sera rendu coupable d'offenses envers l'Empereur, envers le Souverain de l'État dont il est le sujet ou envers le Souverain d'un État de la Confédération pendant qu'il séjournait sur son territoire, sera puni d'un emprisonnement de deux mois au moins ou de la détention de deux mois jusqu'à cinq ans dans une forteresse.

Ces offenses ne seront poursuivies que si elles auront été commises dans l'intention malveillante et préméditée d'offenser l'honneur.

En cas de circonstances atténuantes, la peine pourra être réduite jusqu'à une semaine d'emprisonnement ou de détention dans une forteresse.

Outre l'emprisonnement, le condamné pourra être privé de ses fonctions publiques.

La poursuite se prescrit par six mois.

Lorsque le fait, conformément à l'alinéa 2, ne pourra être poursuivi, les dispositions de la quatorzième section de ce Code seront à appliquer.

§ 96. Quiconque se sera rendu coupable de voies de fait envers un membre de la famille de son Souverain ou envers le régent de l'État dont il est le sujet, ou, pendant, qu'il séjournait sur le territoire d'un État de la Confédération, envers un membre de la famille du Souverain de cet État ou envers le régent de cet État, sera puni de cinq ans au moins de réclusion ou de la détention d'une durée égale dans une forteresse; dans les cas moins graves, il sera puni de la réclusion jusqu'à cinq ans ou de la détention d'une durée égale dans une forteresse.

En cas de circonstances atténuantes, la peine sera la détention d'un an à cinq ans dans une forteresse.

§ 97. Quiconque se sera rendu coupable d'offenses envers un membre de la famille de son Souverain ou envers le régent de l'État dont il est le sujet, ou, pendant qu'il séjournait sur le territoire d'un État de la Confédération, envers un membre de la famille du Souverain de cet État ou envers le régent de cet État, sera puni d'un emprisonnement d'un mois à trois ans, ou de la détention d'une durée égale dans une forteresse.

Ces offenses ne seront poursuivies que si elles auront été commises dans l'intention malveillante et préméditée d'offenser l'honneur.

En cas de circonstances atténuantes, la peine pourra être réduite jusqu'à une semaine d'emprisonnement ou de détention dans une forteresse.

La poursuite se prescrit par six mois.

Lorsque le fait, conformément à l'alinéa 2, ne pourra être poursuivi, les dispositions de la quatorzième section de ce code seront à appliquer.

Troisième Section.

Des offenses envers les Souverains des États de la Confédération.

§ 98. Quiconque, hors le cas prévu par le § 94, se sera rendu coupable de voies de fait envers un Souverain de la Confédération, sera puni de la réclusion de deux ans à dix ans ou de la détention d'une durée égale dans une forteresse.

En cas de circonstances atténuantes, la peine sera la détention de six mois à dix ans dans une forteresse.

§ 99. Quiconque, hors le cas prévu par le § 95, se sera rendu coupable d'offenses envers un Souverain de la Confédération, sera puni d'un emprisonnement d'un mois à trois ans ou de la détention d'une durée égale dans une forteresse.

Ces offenses ne seront poursuivies que si elles auront été commises dans l'intention malveillante et préméditée d'offenser l'honneur.

La poursuite n'aura lieu qu'avec l'autorisation de la partie offensée.

En cas de circonstances atténuantes la peine pourra être réduite jusqu'à une semaine d'emprisonnement ou de détention dans une forteresse.

La poursuite se prescrit par six mois.

Lorsque le fait, conformément à l'alinéa 2, ne pourra être poursuivi, les dispositions de la quatorzième section de ce Code seront à appliquer.

§ 100. Quiconque, hors le cas prévu par le § 96, se sera rendu coupable de voies de fait envers un membre de la famille d'un Souverain de la Confédération ou envers le régent d'un État de la Confédération, sera puni de la réclusion jusqu'à cinq ans ou de la détention d'une durée égale dans une forteresse.

En cas de circonstances atténuantes, la peine sera la détention d'un mois à trois ans dans une forteresse.

§ 101. Quiconque, hors le cas prévu par le § 97, se sera rendu coupable d'offenses envers le régent d'un État de la Confédération, sera puni d'un emprisonnement d'une semaine à deux ans ou de la détention d'une durée égale dans une forteresse.

La poursuite n'aura lieu qu'avec l'autorisation de la partie offensée.

Ces offenses ne seront poursuivies que si elles auront été commises dans l'intention malveillante et préméditée d'offenser l'honneur.

La poursuite se prescrit par six mois.

Lorsque le fait, conformément à l'alinéa 2, ne pourra être poursuivi, les dispositions de la quatorzième section de ce Code seront à appliquer.

Quatrième Section.

Des actes hostiles envers les États amis.

§ 102. Tout Allemand qui aura entrepris à l'intérieur ou en pays étranger, et tout étranger qui aura entrepris pendant son séjour à l'intérieur envers un État qui ne fait point partie de l'Empire d'Allemagne ou envers le Souverain de cet État un acte punissable suivant les dispositions des §§ 81 à 86 s'il s'était agi d'un État de la Confédération ou de son Souverain, sera passible des peines suivantes : si le fait est prévu par les §§ 81 à 84, la peine sera la détention dans une forteresse d'un an à dix ans, et, en cas de circonstances atténuantes, de la même peine, qui ne pourra être au-dessous de six mois, ni au-dessus de dix ans; si le fait est prévu par les §§ 85 et 86, la peine sera la détention dans une forteresse d'un mois à trois ans. Ces peines toutefois ne seront prononcées que si, dans l'État en question, la réciprocité est garantie à l'Empire d'Allemagne.

La poursuite n'aura lieu que sur la demande du gouvernement étranger. Cette demande pourra être retirée.

§ 103. Quiconque se sera rendu coupable d'une offense envers le Souverain ou le régent d'un État ne faisant point partie de l'Empire d'Allemagne, sera puni d'un emprisonnement d'une semaine à deux ans ou de la détention d'une durée égale dans une forteresse. Cette peine toutefois ne sera prononcée que si, dans cet État, la réciprocité est garantie à l'Empire d'Allemagne.

La poursuite n'aura lieu que sur la demande du gouvernement étranger. Cette demande pourra être retirée.

§ 103a. Quiconque aura méchamment enlevé, détruit ou endommagé un emblême public de l'autorité d'un État n'appartenant pas à l'Empire d'Allemagne, ou un emblême de la souveraineté d'un de ces États, ou bien aura fait d'un tel emblême l'objet de désordres outrageants, sera puni d'une amende jusqu'à six cents marks ou d'un emprisonnement jusqu'à deux ans.

§ 104. Quiconque se sera rendu coupable d'une offense envers un ministre ou un chargé d'affaires accrédités, soit auprès de l'Empire, soit auprès d'une cour de la Confédération, soit auprès du Sénat de l'une des villes libres hanséatiques, sera puni d'un emprisonnement jusqu'à une année ou de la détention d'une durée égale dans une forteresse.

La poursuite n'aura lieu que sur la demande de la partie offensée. Cette demande pourra être retirée.

Cinquième Section.

Des crimes et délits relatifs à l'exercice des droits de citoyen.

§ 105. Quiconque aura entrepris de disperser par la force, soit le Sénat ou l'Assemblée des députés (Bürgerschaft) de l'une des villes libres hanséatiques, soit une Assemblée législative de l'Empire ou d'un État de la Confédération ; quiconque aura entrepris de les contraindre à prendre des résolutions ou à s'abstenir de résolutions, ou d'en expulser des membres avec violence, sera puni de cinq ans au moins de réclusion ou de la détention d'une durée égale dans une forteresse.

En cas de circonstances atténuantes, la peine sera d'un an au moins de détention dans une forteresse.

§ 106. Quiconque, soit par violence, soit en le menaçant d'un acte punissable, aura empêché un membre de l'une des Assemblées susdites de se rendre au lieu de l'Assemblée ou de voter, sera puni de la réclusion jusqu'à cinq ans ou de la détention d'une durée égale dans une forteresse.

En cas de circonstances atténuantes, la peine sera la détention dans une forteresse jusqu'à deux ans.

§ 107. Quiconque, soit par violence, soit en le menaçant d'un acte punissable, aura empêché un Allemand d'élire ou de voter dans l'exercice de ses droits de citoyen, sera puni d'un emprisonnement de six mois au moins ou de la détention jusqu'à cinq ans dans une forteresse.

La tentative est punissable.

§ 108. Quiconque, dans une élection ou autre affaire publique, étant chargé soit de recueillir les bulletins d'élection ou de vote ou les signes destinés à les remplacer, soit de dresser le procès-verbal, aura volontairement amené un résultat inexact du scrutin ou aura falsifié le résultat, sera puni d'un emprisonnement d'une semaine à trois ans.

La peine sera un emprisonnement jusqu'à deux ans lorsque l'acre aura été commis par une personne qui n'était pas chargée de recueillir les bulletins ou signes, ou qui n'était revêtue d'aucune autre fonction à l'occasion du scrutin.

Le coupable pourra, en outre, être privé des droits civiques.

§ 109. Seront punis d'un emprisonnement d'un mois à deux ans ceux qui, dans une affaire publique, auront acheté ou vendu un vote ; le coupable pourra, en même temps, être privé des droits civiques.

Sixième Section.

Résistance envers l'autorité publique.

§ 110. Sera puni d'une amende jusqu'à six cents marks ou d'un emprisonnement jusqu'à deux ans quiconque aura publiquement, devant une foule, ou par distribution ou affichage public, ou par exposition publique d'écrits ou autres reproductions, provoqué à la désobéissance aux lois ou ordonnances légales ou aux ordres de l'autorité publique compétente.

§ 111. Quiconque aura provoqué, de la manière ci-dessus désignée, à la perpétration d'un fait punissable, sera puni comme instigateur lorsque la provocation aura été suivie de l'acte punissable ou d'une tentative punissable de cet acte.

Lorsque la provocation aura manqué son effet, elle sera punie d'une amende jusqu'à six cents marks ou d'un emprisonnement jusqu'à une année. Néanmoins, ni le genre ni le taux de la peine ne pourront être plus rigoureux que ceux dont la loi punit l'acte lui-même.

§ 112. Quiconque aura provoqué ou excité un militaire de l'armée allemande ou de la marine impériale à la désobéissance aux ordres de son supérieur, et notamment quiconque aura provoqué ou excité un militaire en état de congé à désobéir à l'appel au service, sera puni d'un emprisonnement jusqu'à deux ans.

§ 113. Quiconque, par violence ou menace de violence, aura fait résistance à un fonctionnaire chargé soit de l'exécution des lois, soit de celle des ordres ou mandats des autorités administratives, soit de celle de jugements ou arrêtés de la justice, et agissant dans l'excercice légitime de ses fonctions; quiconque se sera rendu coupable de voies de fait envers un de ces fonctionnaires agissant dans l'exercice légitime de ses fonctions, sera puni d'un emprisonnement de quinze jours à deux ans.

En cas de circonstances atténuantes, la peine sera l'emprisonnement jusqu'à un an ou une amende jusqu'à mille marks.

Les mêmes peines seront prononcées lorsque l'infraction aura été commise envers des personnes appelées à prêter main-forte au fonctionnaire, envers des membres de la force armée, ou envers des personnes faisant partie d'une garde municipale, civique ou de sûreté, dans l'exercice de leur service.

§ 114. Quiconque aura entrepris, par violence ou menace, de contraindre une autorité ou un fonctionnaire à procéder à un acte de ses fonctions ou à s'en abstenir, sera puni d'un emprisonnement de trois mois au moins.

En cas de circonstances atténuantes, la peine sera celle de l'emprisonnement jusqu'à deux ans ou d'une amende jusqu'à deux mille marks.

§ 115. Quiconque aura pris part à un attroupement public qui se sera rendu coupable, à forces réunies, d'un des actes énoncés aux §§ 113 et 114, sera puni, comme coupable de révolte, d'un emprisonnement de six mois au moins.

Les meneurs de la révolte ainsi que les individus qui, prenant part à une révolte, auront commis un des actes désignés aux §§ 113 et 114, seront punis de la réclusion jusqu'à dix ans ; la surveillance de la police pourra en outre être déclarée admissible. En cas de circonstances atténuantes, le tribunal condamnera à un emprisonnement de six mois au moins.

§ 116. Lorsqu'une foule assemblée sur les chemins, rues ou places publics aura été sommée de s'éloigner par le fonctionnaire compétent ou par le commandant de la force armée, chacune des personnes assemblées qui ne se sera pas éloignée après la troisième sommation sera punie, comme coupable d'émeute, d'un emprisonnement jusqu'à trois mois ou d'une amende jusqu'à quinze cents marks.

Lorsque, dans une émeute, il y aura eu résistance avec voies de fait, à forces réunies, ou qu'il aura été exercé des violences envers les fonctionnaires ou envers la force armée, ceux qui auront participé à ces actes seront passibles des peines de la révolte.

§ 117. Quiconque, avec violence ou avec menace de violence, aura fait résistance à un employé forestier ou à un garde-chasse, au propriétaire d'une forêt, à une personne ayant des droits forestiers ou de chasse, ou à un garde préposé par lesdites personnes, agissant dans l'exercice légitime de leurs emplois ou de leurs droits, ou quiconque aura exercé des voies de fait envers une de ces personnes dans l'exercice de leurs fonctions ou de leurs droits, sera puni d'un emprisonnement de quinze jours à trois ans.

Lorsque la résistance ou l'agression aura été accompagnée de menaces avec des armes à feu, haches ou autres instruments dangereux, ou de violence envers la personne, la peine sera un emprisonnement de trois mois au moins.

En cas de circonstances atténuantes, la peine sera un emprisonnement jusqu'à un an dans les cas du 1er alinéa ci-dessus, et d'un mois au moins dans les cas du 2e alinéa.

§ 118. Lorsque la résistance ou l'agression aura occasionné une lésion corporelle à celui qui en a été l'objet, la peine sera la réclusion jusqu'à dix ans.

En cas de circonstances atténuantes, la peine sera celle de l'emprisonnement de trois mois au moins.

§ 119. Lorsqu'un des actes prévus aux §§ 117 et 118 aura été commis par plusieurs personnes en commun, la peine pourra être augmentée de la moitié du maximum porté par la loi; l'emprisonnement ne pourra néanmoins dépasser cinq ans.

§ 120. Quiconque aura volontairement délivré un détenu de sa prison, ou l'aura soustrait au pouvoir de la force armée, du fonctionnaire ou de n'importe quelle personne chargée de le surveiller, de l'escorter ou de le garder, ou quiconque aura volontairement aidé le détenu à se délivrer lui-même, sera puni d'un emprisonnement jusqu'à trois ans.

La tentative est punissable.

§ 121. Quiconque aura volontairement laissé évader un détenu dont la surveillance ou l'escorte lui étaient confiées, ou quiconque aura, sous ces conditions, favorisé l'évasion du détenu, sera puni d'un emprisonnement jusqu'à trois ans.

Lorsque l'évasion aura été facilitée par une négligence ou une imprudence, la peine sera l'emprisonnement jusqu'à trois mois ou une amende jusqu'à trois cents marks.

§ 122. Seront punis, comme coupables de mutinerie, d'un emprisonnement qui ne pourra être moindre de six mois, les détenus qui s'attrouperont et attaqueront à forces réunies les employés ou les surveillants du lieu de leur détention, ou qui leur feront résistance ou entreprendront de les contraindre à commettre un acte ou à s'en abstenir.

La même peine sera appliquée lorsque les détenus s'attrouperont et entreprendront à forces réunies une évasion avec violence.

Ceux des mutins qui exerceront des violences envers les employés ou les surveillants de l'établissement seront punis de la réclusion jusqu'à dix ans ; la surveillance de la police pourra en outre être déclarée admissible.

Septième Section.

Des crimes et délits contre l'ordre public.

§ 123. Quiconque aura illégalement envahi l'habitation d'un individu, les lieux où il gère ses affaires, ou son enclos, ou un local clos destiné à un service public ou à la circulation, ou quiconque, lorsqu'il s'y trouvera sans droit, ne se sera pas retiré sur la sommation de qui de droit, sera puni, pour violation de domicile, d'une amende jusqu'à trois cents marks, ou d'un emprisonnement jusqu'à trois mois.

Lorsque ce délit aura été commis par une personne munie d'armes ou par plusieurs personnes en commun, la peine sera d'une amende jusqu'à mille marks ou d'un emprisonnement jusqu'à un an.

La poursuite n'aura lieu que sur demande. Cette demande pourra être retirée.

§ 124. Lorsqu'une foule se sera attroupée publiquement et qu'elle aura, dans le but d'exercer des violences à forces réunies envers des personnes ou des choses, illégalement envahi l'habitation d'un individu, les lieux où il gère ses affaires, ou son enclos, ou un local clos destiné à un service public, toute personne qui aura participé à ces actes sera punie d'un emprisonnement d'un mois à deux ans.

§ 125. Lorsqu'une foule se sera attroupée publiquement et qu'elle aura exercé des violences à forces réunies envers des personnes ou des choses, tout individu qui aura participé à cet attroupement sera puni, comme coupable de trouble à la paix publique d'un emprisonnement de trois mois au moins.

Les meneurs de l'attroupement, ainsi que ceux qui auront exercé des violences envers des personnes, ou qui auront pillé, anéanti ou détruit des choses, seront punis de la réclusion jusqu'à dix ans; la surveillance de la police pourra en outre être déclarée admissible. En cas de circonstances atténuantes, la peine sera d'un emprisonnement de six mois au moins.

§ 126. Quiconque aura troublé la paix publique en menaçant quelqu'un d'un crime constituant un danger public, sera puni d'un emprisonnement jusqu'à un an.

§ 127. Quiconque aura formé ou commandé sans autorisation une bande armée, ou fourni des armes ou munitions de guerre à une troupe, sachant qu'elle est assemblée sans autorisation légale, sera puni d'un emprisonnement jusqu'à deux ans.

Quiconque se sera associé à une semblable bande armée sera puni d'un emprisonnement jusqu'à un an.

§ 128. La participation à une association dont l'existence, l'organisation ou le but devront rester secrets vis-à-vis du gouvernement, ou dont les membres promettent obéissance à des supérieurs inconnus ou obéissance absolue à des supérieurs connus, sera punie, à l'égard des membres de l'association, d'un emprisonnement jusqu'à six mois, et, à l'égard de ses fondateurs et de ses chefs, d'un emprisonnement d'un mois à un an.

Les fonctionnaires qui auront participé à une association de ce genre pourront en outre être déclarés incapables de remplir des fonctions publiques pendant la durée d'un an à cinq ans.

§ 129. La participation à une association dont un des buts ou une des occupations est d'empêcher ou de paralyser par des moyens illégaux les mesures prises par l'administration ou l'exécution des lois, sera punie, à l'égard des membres de l'association, d'un emprisonnement jusqu'à un an, et, à l'égard de ses fondateurs et de ses chefs, d'un emprisonnement de trois mois à deux ans.

Les fonctionnaires qui auront participé à une association de ce genre pourront en outre être déclarés incapables de remplir des fonctions publiques pendant la durée d'un an à cinq ans.

§ 130. Quiconque aura, d'une manière préjudiciable à la paix publique, publiquement excité à des violences les diverses classes de la société les unes envers les autres, sera puni d'une amende jusqu'à six cents marks ou d'un emprisonnement jusqu'à deux ans.

§ 130a. Tout prêtre ou autre ministre d'un culte, qui, dans l'exercice ou à l'occasion de l'excercice de ses fonctions aura, publiquement devant une assemblée ou bien en présence de plusieurs personnes dans une église ou un autre lieu destiné à des réunions religieuses, fait une publication ou un exposé dans lequel il traitait des affaires de l'État d'une manière préjudiciable à la paix publique, sera puni de la peine de l'emprisonnement ou de la détention dans une forteresse jusqu'à deux ans.

La même peine sera applicable au prêtre ou autre ministre d'un culte, qui, dans l'exercice ou à l'occasion de l'exercice de ses fonctions, aura distribué ou répandu des écrits contenant une publication ou un exposé dans lequel les affaires de l'État seraient traitées d'une manière préjudiciable à la paix publique.

§ 131. Quiconque, dans le but d'exposer au mépris des institutions de l'État ou des mesures de l'autorité, soutiendra ou répandra publiquement des faits controuvés ou dénaturés, sachant qu'ils sont controuvés ou dénaturés, sera puni d'une amende jusqu'à six cents marks ou d'un emprisonnement jusqu'à deux ans.

§ 132. Quiconque, sans titre, se sera immiscé dans l'exercice de fonctions publiques ou aura fait un acte qui ne pouvait être fait qu'en vertu de fonctions publiques, sera puni d'un emprisonnement jusqu'à un an ou d'une amende jusqu'à trois cents marks.

§ 133. Quiconque aura volontairement détruit, supprimé ou détérioré un document, un registre, un dossier ou autres objets placés en dépôt public dans un lieu à ce destiné, ou officiellement confiés à un fonctionnaire ou à un tiers, sera puni d'emprisonnement.

Lorsque le fait aura été commis dans l'intention d'en retirer un gain, l'emprisonnement sera de trois mois au moins; le coupable pourra en outre être privé des droits civiques.

§ 134. Quiconque aura méchamment arraché, endommagé ou défiguré des placards, ordonnances, mandats ou annonces publiquement affichés, émanés d'une autorité ou d'un fonctionnaire, sera puni d'une amende jusqu'à trois cents marks ou d'un emprisonnement jusqu'à six mois.

§ 135. Quiconque aura méchamment enlevé, détruit ou endommagé un emblême public de l'autorité de l'Empire ou d'un Souverain de la Confédération, ou un emblême de souveraineté d'un État de la Confédération, ou bien aura fait d'un tel emblême l'objet de désordres outrageants, sera puni d'une amende jusqu'à six cents marks ou d'un emprisonnement jusqu'à deux ans.

§ 136. Quiconque, sans titre, aura brisé, détaché ou endommagé volontairement des scellés publics apposés par une autorité ou un fonctionnaire dans le but de clore, de marquer ou de séquestrer des objets, ou quiconque aura levé l'obstacle officiel que présentaient lesdits scellés, sera puni d'un emprisonnement jusqu'à six mois ou d'une amende jusqu'à six cents marks.

§ 137. Quiconque aura volontairement détourné, détruit ou soustrait d'une façon quelconque, en tout ou en partie, des objets saisis ou séquestrés par les autorités ou fonctionnaires compétents, sera puni d'un emprisonnement jusqu'à un an ou d'une amende jusqu'à mille marks.

§ 138. Quiconque, ayant cité comme témoin, juré ou échevin, aura prétexté comme excuse un fait contraire à la vérité, sera puni d'un emprisonnement jusqu'à deux mois.

Il en sera de même de l'expert que la loi astreint à comparaître.

Les peines réglementaires dont la loi menace les personnes susdites en cas de non-comparution ne se trouvent pas exclues par la disposition pénale qui précède.

§ 139. Quiconque, ayant eu d'une source digne de foi, et dans un moment où il était possible de prévenir le crime, connaissance d'un projet de crime de haute-trahison, de trahison envers l'État, de fausse monnaie, d'assassinat, de vol commis avec violence, de rapt ou d'un crime constituant un danger public, aura omis de le dénoncer en temps utile, soit à l'autorité, soit à la personne menacée, sera puni d'emprisonnement lorsque le crime ou une tentative punissable du crime aura été commi.

§ 140. Seront punis pour infraction à l'obligation du service militaire :

1° les personnes obligées au service militaire qui, dans l'intention de se soustraire à leur incorporation dans l'armée de terre ou de mer, auront quitté sans permission la territoire de la Confédération ou qui séjourneront sans permission hors du territoire de la Confédération après avoir atteint l'âge requis pour la conscription : d'une amende de cent cinquante à trois mille marks ou d'un emprisonnement d'un mois à un an ;

2° les officiers ou médecins ayant rang d'officier, qui, appartenant à la classe des troupes en état de congé, auront émigré sans permission : d'une amende jusqu'à trois mille marks ou de la peine des arrêts ou bien d'un emprisonnement jusqu'à six mois ;

3° toutes les personnes obligées au service militaire qui, après la publication d'une Ordonnance Impériale spéciale donnée pour la durée d'une guerre ou d'une guerre imminente, auront émigré contrairement aux dispositions de cette Ordonnance : d'un emprisonnement jusqu'à deux ans, auquel pourra être ajoutée une amende jusqu'à trois mille marks.

La tentative est punissable.

La fortune de l'inculpé pourra être séquestrée pour le recouvrement de l'amende la plus élevée qui, selon l'estimation du juge, pourra atteindre l'inculpé, ainsi que des frais de la procédure.

§ 141. Quiconque aura enrôlé un Allemand au service militaire d'une puissance étrangère ou l'aura amené aux enrôleurs d'une puissance étrangère, de même quiconque aura volontairement engagé un soldat allemand à déserter ou en aura volontairement favorisé la désertion, sera puni d'un emprisonnement de trois mois à trois ans.

La tentative est punissable.

§ 142. Quiconque, soit par mutilation, soit d'une autre manière, se sera volontairement rendu impropre ou se sera volontairement fait rendre impropre à faire le service militaire que la loi lui impose, sera puni d'un emprisonnement d'un an au moins; il pourra en outre être privé des droits civiques.

La même peine sera appliquée à celui qui aura rendu un individu, sur sa demande, impropre à faire le service militaire que la loi lui impose.

§ 143. Quiconque, dans l'intention de se soustraire en tout ou en partie à l'obligation du service militaire, aura employé des manœuvres frauduleuses, sera puni d'emprisonnement et pourra en outre être privé des droits civiques.

La même peine est applicable aux complices.

§ 144. Quiconque fera métier d'engager des Allemands à l'émigration, en les trompants sur les faits ou en leur donnant sciemment de faux renseignements ou bien en employant d'autres manœuvres frauduleuses, sera puni d'un emprisonnement d'un mois à deux ans.

§ 145. Quiconque aura transgressé les règlements établis par l'Empereur

pour prévenir l'abordage des bâtiments en mer,
sur la rêgle de conduite des équipages après un abordage de bâtiments en mer, ou
sur les signaux de détresse et les signaux des pilotes pour les bâtiments qui se trouvent en mer ou dans les eaux côtières,

sera puni d'une amende jusqu'à quinze cents marks.

§ 145a. Quiconque aura, sans l'autorisation de l'État, émis et mis en circulation à l'intérieur des obligations au porteur par lesquelles on a promis le paiement d'une somme déterminée, sera puni d'une amende qui pourra s'élever jusqu'à un cinquième de la valeur nominale des obligations émises et qui sera au moins de trois cents marks.

Huitième Section.

Des crimes et délits de fausse monnaie.

§ 146. Quiconque aura contrefait des monnaies ou du papier-monnaie nationaux ou étrangers, afin de s'en servir comme étant de bon aloi ou afin de les mettre en circulation, ou quiconque, dans la même intention, aura donné, en les altérant, à des pièces bonnes l'apparence d'une valeur supérieure, ou quiconque aura donné, en les altérant, à des pièces hors de cours l'apparence de pièces ayant cours, sera puni de deux ans au moins de réclusion; la surveillance de la police sera en outre admissible.

En cas de circonstances atténuantes, la peine sera celle de l'emprisonnement.

§ 147. Les mêmes peines seront applicables à celui qui aura mis en circulation, comme bonnes, les pièces par lui contrefaites ou falsifiées, même sans l'intention susdite, ainsi qu'à celui qui se sera procuré des pièces contrefaites ou falsifiées et qui les aura mises en circulation ou introduites de l'étranger dans le but de les émettre.

§ 148. Quiconque aura reçu comme bonnes des pièces contrefaites ou falsifiées, et les aura mises en circulation comme bonnes après en avoir reconnu la fausseté, sera puni d'un emprisonnement jusqu'à trois mois ou d'une amende jusqu'à trois cents marks.

La tentative est punissable.

§ 149. Seront assimilés au papier-monnaie, les obligations, billets de banque, actions, ainsi que les titres provisoires ou quittances qui les remplacent, payables au porteur, ainsi que leurs coupons d'intérêts ou de dividendes, ou les certificats de renouvellement, émis par l'Empire, par la Confédération de l'Allemagne du Nord, par un des États de la Confédération, par un État étranger ou par des communes, corporations, sociétés ou des particuliers autorisés à l'émission de titres de cette nature.

§ 150. Quiconque aura diminué la valeur de bonnes espèces de monnaie destinées à la circulation, en les limant, rognant ou d'une autre manière, et les aura mises en circulation pour leur valeur intégrale, ou quiconque, soit habituellement, soit de concert avec celui qui en aura diminué la valeur, aura mis en circulation pour leur valeur intégrale des pièces ainsi altérées, sera puni d'emprisonnement; le coupable pourra en outre être condamné à une amende jusqu'à trois mille marks ainsi qu'à la privation des droits civiques.

La tentative est punissable.

§ 151. Quiconque, dans l'intention de commettre le crime de fausse monnaie, se sera procuré ou aura fabriqué des poinçons, timbres, gravures, planches ou autres formes pouvant servir à la confection de monnaies, papiers-monnaie ou papiers assimilés au papier-monnaie, sera puni d'un emprisonnement jusqu'à deux ans.

§ 152. La confiscation des pièces contrefaites ou falsifiées, ainsi que celle des objets désignés au § 151, devra être prononcée, même lorsque la poursuite ou la condamnation d'une personne déterminée n'auront pas lieu.

Neuvième Section.

Du parjure.

§ 153. Quiconque aura sciemment prêté un faux serment, soit que le serment lui ait été déféré ou référé, soit qu'il lui ait été imposé d'office, sera puni de la réclusion jusqu'à dix ans.

§ 154. La même peine sera appliquée à celui qui, devant une autorité compétente pour recevoir un serment, aura sciemment affirmé par serment un faux témoignage ou un faux rapport d'expert, ou qui aura sciemment violé par un faux témoignage ou par un faux rapport d'expert le serment prêté avant sa déposition.

Lorsque le faux témoignage ou rapport d'expert aura eu lieu en justice au préjudice d'un prévenu, et que celui-ci aura été condamné, soit à la peine de mort, soit à la réclusion, soit à une autre peine corporelle de plus de cinq ans, la peine sera de trois ans au moins de réclusion.

§ 155. Sera réputé avoir prêté serment :

1° tout membre d'une société religieuse à laquelle la loi permet l'usage de certaines formules solennelles au lieu de serment, qui aura fait une déposition sur la foi de la formule en question adoptée par la société religieuse à laquelle il appartient ;

2° tout individu qui, ayant prêté serment comme partie, témoin ou expert, aura en cette qualité affirmé un fait en se référant au serment antérieurement prêté dans la même affaire, ou qui, en sa qualité d'expert assermenté une fois pour toutes, aura affirmé un fait en se référant à ce serment ;

3° tout fonctionnaire qui aura officiellement affirmé un fait en se référant à son serment professionel.

§ 156. Quiconque aura sciemment fait une fausse affirmation au lieu de serment (Versicherung an Eidesstatt) devant une autorité compétente à recevoir de pareilles affirmations, ou quiconque aura sciemment fait une fausse déposition en se référant à une affirmation de ladite espèce, sera puni d'un emprisonnement d'un mois à trois ans.

§ 157. Lorsqu'un témoin ou expert se sera rendu coupable de parjure (§§ 154, 155) ou d'une fausse affirmation au lieu de serment (Versicherung an Eidesstatt), la peine devra être réduite à la moitié de la peine ordinaire, comme maximum, et au quart comme minimum, dans les cas suivants :

1° lorsque la déclaration de la vérité pouvait emporter contre lui-même une poursuite pour crime ou délit, ou

2° lorsque le déposant aura fait une fausse déclaration en faveur d'une personne à l'égard de laquelle il était en droit de refuser sa déposition, et qu'il n'aura pas été informé de ce droit.

Si, d'après cette disposition, la peine encourue est la réclusion de moins d'un an, elle devra être convertie en emprisonnement conformément aux disposition du § 21.

§ 158. La même réduction de la peine aura lieu lorsque celui qui s'est rendu coupable de parjure ou de fausse affirmation au lieu de serment (Versicherung an Eidesstatt) aura rétracté sa déposition devant l'autorité où il l'a faite, avant qu'elle ait été suivie d'une dénonciation ou d'un commencement d'information contre lui, et avant qu'il en soit résulté un préjudice pour autrui.

§ 159. Quiconque entreprendra de déterminer quelqu'un à commettre un parjure, sera puni de la réclusion jusqu'à cinq ans, et quiconque entreprendra de déterminer quelqu'un à faire sciemment une fausse affirmation au lieu de serment (Versicherung an Eidesstatt) sera puni d'un emprisonnement jusqu'à une année.

§ 160. Quiconque aura déterminé quelqu'un à prêter un faux serment sera puni d'un emprisonnement jusqu'à deux ans; il pourra en même temps être privé des droits civiques. Quiconque aura provoqué quelqu'un à faire une fausse affirmation au lieu de serment (Versicherung an Eidesstatt) sera puni d'un emprisonnement jusqu'à six mois.

La tentative est punissable.

§ 161. Toutes les fois qu'un tribunal condamnera pour parjure, à l'exception des cas énoncés aux §§ 157 et 158, il devra en même temps prononcer la privation des droits civiques et l'incapacité perpétuelle du condamné de prêter serment comme témoin ou comme expert.

Dans les cas des §§ 156 à 159, la privation des droits civiques pourra être prononcée conjointement avec la peine d'emprisonnement.

§ 162. Sera puni d'un emprisonnement jusqu'à deux ans, quiconque aura volontairement commis un acte contraire aux sûretés qu'il a donné en justice par serment, ou à l'assurance donnée par un serment de manifestation.

§ 163. Si l'un des actes prévus aux §§ 153 à 156 a été commis par négligence ou imprudence, la peine sera l'emprisonnement jusqu'à une année.

Sera exempt de peine celui qui aura révoqué sa déposition devant l'autorité où il l'a faite, avant quelle ait été suivie d'une dénonciation ou d'un commencement d'information contre lui, et avant qu'il en soit résulté un préjudice pour autrui.

Dixième Section.

De la fausse dénonciation.

§ 164. Quiconque aura fait devant une autorité une dénonciation par laquelle il aura imputé à quelqu'un un acte punissable ou une violation des devoirs de ses fonctions, sera, s'il connaissait la fausseté de sa dénonciation, puni d'un emprisonnement d'un mois au moins; il pourra, en outre, être privé des droits civiques.

Il ne pourra être statué sur la fausse dénonciation aussi longtemps que l'information commencée au sujet du fait dénoncé sera pendante.

§ 165. En cas de condamnation pour fausse dénonciation, le tribunal accordera au dénoncé le droit de publier le jugement aux frais du condamné. Le mode de cette publication, ainsi que le délai dans lequel elle devra avoir lieu, seront déterminés par le jugement.

Une expédition du jugement sera délivrée à la partie lésée aux frais du coupable.

Onzième Section.

Des délits relatifs à la religion.

§ 166. Quiconque aura produit un scandale en blasphémant Dieu publiquement par les propos outrageants, ou aura publiquement outragé un des cultes chrétiens ou une société religieuse établie sur le territoire de la Confédération et reconnue comme corporation, ou les institutions ou cérémonies de ces cultes; quiconque aura commis des désordres outrageants dans une église ou dans un autre lieu consacré à des assemblées religieuses, sera puni d'un emprisonnement jusqu'à trois ans.

§ 167. Quiconque, par voies de fait ou menaces, aura empêché quelqu'un d'exercer le culte d'une société religieuse établie dans l'État, de même quiconque aura, dans une église ou un autre lieu destiné à des assemblées religieuses, par tapage ou désordre, volontairement empêché ou troublé le culte ou certaines cérémonies du culte d'une société religieuse établie dans l'État, sera puni d'un emprisonnement jusqu'à trois ans.

§ 168. Quiconque aura indûment enlevé un cadavre à la personne autorisée à le garder, de même celui qui aura indûment détruit ou endommagé une sépulture, ou celui qui aura commis des désordres outrageants sur une sépulture, sera puni d'un emprisonnement jusqu'à deux ans ; le coupable pourra, en outre, être privé des droits civiques.

Donzième Section.

Des crimes et délits relatifs à l'état civil.

§ 169. Quiconque aura supposé un enfant ou volontairement substitué un enfant à un autre, ou quiconque aura, d'une autre manière, altéré ou supprimé volontairement l'état civil d'autrui, sera puni d'un emprisonnement jusqu'à trois ans, et, lorsque l'acte aura été commis dans l'intention de se procurer un gain, de la peine de la réclusion jusqu'à dix ans.

La tentative est punissable.

§ 170. Quiconque, en contractant mariage, aura frauduleusement caché à son conjoint un empêchement légal, ou quiconque aura sciemment engagé son conjoint à contracter mariage, au moyen d'une fraude suffisante pour autoriser celui des deux époux qui a été induit en erreur à attaquer la validité du mariage, sera puni d'un emprisonnement de trois mois au moins, lorsque le mariage aura été dissous pour l'un de ces motifs.

La poursuite n'aura lieu que sur la demande de la partie induite en erreur.

Treizième Section.

Des crimes et délits contre les mœurs.

§ 171. Quiconque, étant engagé dans les liens du mariage, en aura contracté un autre avant que le précédent ait été dissous ou annulé, de même toute personne non mariée qui aura contracté mariage avec une personne mariée, sachant quelle est mariée, sera puni de la peine de la réclusion jusqu'à cinq ans.

En cas de circonstances atténuantes, la peine sera un emprisonnement de six mois au moins.

La prescription des poursuites commencera à courir le jour où l'un des deux mariages aura été dissous ou annulé.

§ 172. L'adultère, lorsqu'il aura entraîné le divorce, sera puni, à l'égard du conjoint coupable et de son complice, d'un emprisonnement jusqu'à six mois.

La poursuite n'aura lieu que sur demande.

§ 173. La cohabitation entre ascendants et descendants est punie, pour les ascendants, de la réclusion jusqu'à cinq ans, et pour les descendants, d'un emprisonnement jusqu'à deux ans.

La cohabitation entre alliés en lignes ascendante et descendante et entre frères et sœurs est punie d'un emprisonnement jusqu'à deux ans.

Outre l'emprisonnement, le juge pourra prononcer la privation des droits civiques.

Resteront exempts de peine les parents et alliés en ligne descendante qui n'auront pas accompli leur dix-huitième année.

§ 174. Seront punis de la réclusion jusqu'à cinq ans;

1° les tuteurs qui auront commis des attentats aux mœurs sur leurs pupilles; les parents adoptifs et nourriciers qui auront commis des attentats aux mœurs sur leurs enfants; les ecclésiastiques, instituteurs et précepteurs qui se seront rendus coupables d'un attentat de cette nature sur leurs écoliers ou élèves mineurs;

2° les fonctionnaires qui auront commis des attentats aux mœurs sur des personnes contre lesquelles ils ont à poursuivre une instruction ou qui ont été confiées à leur surveillance;

3° les fontionnaires, employés, médecins ou autres personnes attachées au service sanitaire, occupés ou employés dans des prisons ou établissements publics destinés au traitement des malades, indigents ou autres personnes dénuées de ressources, lorsqu'ils auront commis des attentats aux mœurs sur des personnes recueillies dans la prison ou dans l'établissement.

En cas de circonstances atténuantes, le juge prononcera un emprisonnement de six mois au moins.

§ 175. Les actes de débauche contre nature qui auront été commis entre personnes du sexe masculin ou avec des animaux, seront punis d'emprisonnement ; le coupable pourra, en outre, être privé des droits civiques.

§ 176. Sera puni de la réclusion jusqu'à dix ans :

1° quiconque, à l'aide de violence, aura commis des attentats aux mœurs sur une personne du sexe féminin, ou quiconque, par menace d'un danger actuel pour sa personne ou sa vie, l'aura contrainte à souffrir ces attentats ;

2° quiconque aura abusé d'une personne du sexe féminin privée de volonté ou de connaissance, ou aliénée ;

3° quiconque aura commis un attentat aux mœurs sur une personne au-dessous de quatorze ans ou l'aura amenée à commettre ou à souffrir des actes de cette nature.

En cas de circonstances atténuantes, la peine sera un emprisonnement de six mois au moins.

§ 177. Quiconque aura abusé d'une personne du sexe féminin, soit par violence, soit en la menaçant d'un danger actuel pour sa personne ou sa vie, soit après l'avoir, dans ce but, privée de sa connaissance ou de sa volonté, sera puni de la réclusion.

En cas de circonstances atténuantes, le tribunal appliquera un emprisonnement d'une année au moins.

§ 178. Lorsqu'un des actes mentionnés aux §§ 176 et 177 aura occasionné la mort de la personne lésée, la peine sera la réclusion de dix ans au moins ou la réclusion à perpétuité.

§ 179. Quiconque aura abusé d'une personne du sexe féminin en la trompant par le simulacre d'une célébration de mariage, ou en provoquant chez elle une erreur qui l'aura fait croire à l'existence d'un mariage, ou en profitant d'une semblable erreur, sera puni de la réclusion jusqu'à cinq ans.

En cas de circonstances atténuantes, le tribunal appliquera un emprisonnement de six mois au moins.

La poursuite n'aura lieu que sur demande.

§ 180. Quiconque, habituellement ou pour un motif intéressé, facilitera la débauche, soit en s'entremettant soit en favorisant ou en procurant les occasions, sera puni d'emprisonnement d'un mois au moins comme entremetteur; le coupable pourra en même temps être puni d'une amende de cent cinquante jusqu'à six mille marks; il pourra être privé des droits civiques, et la surveillance de la police pourra être déclarée admissible. En cas de circonstances atténuantes, la durée de l'emprisonnement pourra être réduite à un jour.

§ 181. L'entremetteur sera puni de la réclusion jusqu'a cinq ans, alors même qu'il n'aura pas agi habituellement ou pour des motifs intéressées:

1° lorsque, pour faciliter la débauche, il aura été pratiqué des manœuvres frauduleuses, ou

2° lorsque le coupable est, vis-à-vis de la personne entremise, dans les rapports de mari à femme, de parents à enfants, de tuteurs à pupilles, d'ecclésiastiques, d'instituteurs ou de précepteurs à élèves dont l'instruction ou l'éducation leur est confiée.

En outre de la peine de la réclusion le coupable devra être privé des droits civiques; il pourra en même temps être puni d'une amende de cent cinquante jusqu'à six mille marks et la surveillance de la police pourra être déclarée admissible.

En cas de circonstances atténuantes dans les cas de l'alinéa un 2° la peine sera celle de l'emprisonnement; le coupable pourra en outre être puni d'une amende jusqu'à trois mille marks.

§ 181 a. Tout individu qui tire habituellement tout ou en partie sa subsistence d'une femme qui fait métier de se prostituer, en exploitant son métier immoral ou qui aide, assiste ou protège habituellement ou par intérêt la prostitution de telle femme, sera puni de l'emprisonnement d'un mois au moins.

La peine sera d'un an au moins, si le souteneur est le mari de la prostituée ou s'il a obligé, en employant la force ou des menaces, la prostituée à exercer son métier immoral.

En outre de la peine de l'emprisonnement, le coupable pourra être privé des droits civiques, et la surveillance de la police ainsi que la mise à la disposition de la haute police conformément aux alinéas 3 et 4 de l'article 362 pourront être déclarées admissibles.

§ 182. Sera puni d'un emprisonnement jusqu'à une année, quiconque aura séduit une fille irréprochable, n'ayant pas encore accompli sa seizième année.

La poursuite n'aura lieu que sur la demande du père ou de la mère ou du tuteur de la personne séduite.

§ 183. Quiconque occasionnera publiquement un scandale par un outrage à la pudeur, sera puni d'un emprisonnement jusqu'à deux ans ou d'une amende jusqu'à cinq cents marks.

Le coupable pourra en outre être privé des droits civiques.

§ 184. Sera puni d'un emprisonnement jusqu'à une année ainsi que d'une amende jusqu'à mille marks ou d'une seule de ces peines, quiconque :

1° aura mis en vente, vendu, distribué, exposé ou affiché dans les lieux accessibles au public, ou répandu d'une manière quelconque, produit ou eu en magasin pour la circulation, des écrits, images ou reproductions obscènes,

2° aura cédé ou offert pour de l'argent à une personne de moins de seize ans des écrits, images ou reproductions obscènes,

3° aura exposé dans les lieux accessibles au public ou aura annoncé ou fait de la publicité des objets destinés à un emploi obscène,

4° aura publié des annonces, destinés à occasionner des rapports obscènes.

En outre de la peine de l'emprisonnement, le coupable pourra être privé des droits civiques, et la surveillance de la police pourra être déclarée admissible.

§ 184a. Sera puni d'un emprisonnement jusqu'à six mois ou d'une amende jusqu'à six cents marks, quiconque aura cédé ou offert pour de l'argent à une personne de moins de seize ans des écrits, images ou reproductions qui, sans être obscènes, blessent grossièrement la pudeur.

§ 184b. Sera puni d'une amende jusqu'à trois cents marks ou d'un emprisonnement jusqu'à six mois, quiconque fait publiquement des communications, aptes à occasionner un scandale, sur des débats qui ont eu lieu à huis clos, à cause d'un danger pour les mœurs, ou des extraits des pièces officielles sur lesquelles ces débats se basaient.

Quatorzième Section.

Des injures.

§ 185. L'injure sera punie d'une amende jusqu'à six cents marks ou des arrêts ou d'un emprisonnement jusqu'à une année, et, lorsqu'elle aura été commise par voies de fait, d'une amende jusqu'à quinze cents marks ou d'un emprisonnement jusqu'à deux ans.

§ 186. Quiconque aura affirmé ou répandu sur le compte d'autrui un fait de nature à le rendre méprisable ou à l'abaisser dans l'opinion publique, sera puni, pour injure, d'une amende jusqu'à six cents marks ou des arrêts ou d'un emprisonnement jusqu'à un an, si le fait ne peut être prouvé. Lorsque l'injure a été commise publiquement ou répandue par des écrits, images ou reproductions, elle sera punie d'une amende jusqu'à quinze cents marks ou d'un emprisonnement jusqu'à deux ans.

§ 187. Quiconque, bien que connaissant la fausseté de son assertion, aura affirmé ou répandu sur le compte d'autrui un fait faux de nature à le rendre méprisable ou à l'abaisser dans l'opinion publique ou à porter préjudice à son crédit, sera puni, pour injure calomnieuse, d'un emprisonnement jusqu'à deux ans. Lorsque l'injure aura été commise publiquement ou répandue par des écrits, images ou reproductions, elle sera punie d'un emprisonnement d'un mois au moins.

En cas de circonstances atténuantes, la peine pourra être réduite jusqu'à un jour d'emprisonnement ou être d'une amende jusqu'à neuf cents marks.

§ 188. Dans les cas prévus par les §§ 186 et 187, lorsque l'injure aura porté préjudice à la fortune, aux affaires ou à l'avenir de l'offensé, le tribunal pourra, outre la peine, prononcer au profit de ce dernier, sur sa demande, une indemnité qui n'excédera pas six mille marks.

Dans ce cas, l'offensé ne pourra plus obtenir d'autres dommages-intérêts.

§ 189. Quiconque, bien que connaissant la fausseté de son assertion, aura outragé la mémoire d'une personne défunte en affirmant ou en répandant un fait faux, qui aurait été de nature à rendre le défunt, de son vivant, méprisable ou à l'abaisser dans l'opinion publique, sera puni d'un emprisonnement jusqu'à six mois.

En cas de circonstances atténuantes, le tribunal aura la faculté de ne prononcer qu'une amende jusqu'à neuf cents marks.

La poursuite n'aura lieu que sur la demande du père, de la mère, des enfants ou du conjoint du défunt.

§ 190. Si le fait qui a été affirmé ou répandu constitue un acte punissable, il est censé vrai lorsque la personne offensée aura été condamnée à raison de ce fait par jugement passé en force de chose jugée. Lorsque la personne offensée aura été acquittée à raison de ce fait par jugement passé en force de chose jugée, avant que le fait ait été affirmé ou répandu, le prévenu d'injure ne sera pas admis à prouver la vérité de ce fait.

§ 191. Lorsqu'un fait punissable aura été dénoncé à l'autorité dans le but de provoquer des poursuites, il sera sursis à la procédure et au jugement pour le fait d'injure, jusqu'à ce qu'il ait été décidé par le juge compétent qu'il n'y a pas lieu à commencer une instruction ou jusqu'à la clôture de l'instruction commencée.

§ 192. La preuve de la vérité du fait affirmé ou répandu n'exclura pas l'application de la peine prononcée par le § 185, si la manière dont le fait aura été affirmé ou répandu, ou les circonstances dans lesquelles cela aura eu lieu, constituent une injure.

§ 193. La critique des œuvres de science, d'art ou d'industrie, ainsi que les termes employés pour soutenir ou défendre des droits ou pour sauvegarder des intêrets légitimes, les remontrances et réprimandes des supérieurs envers leurs subordonnés, les rapports officiels ou les avis officiellement émis par des fonctionnaires, et autres analogues, ne seront punissables qu'autant qu'ils constituent une injure d'après la forme dans laquelle ils auront été émis ou d'après les circonstances dont ils auront été accompagnés.

§ 194. La poursuite pour injure n'aura lieu que sur demande. Cette demande (§§ 185 à 193) pourra être retirée.

§ 195. Lorsque l'injure aura été commise envers une femme mariée, le droit de demander la répression appartiendra tant à elle qu'à son mari.

§ 196. Lorsque l'injure aura été commise envers une autorité publique, un fonctionnaire, un ministre d'un culte ou un membre de la force armée dans l'excercice de leurs fonctions ou à l'occasion de leurs fonctions, leurs supérieurs auront, outre les personnes directement intéressées, le droit de demander la répression.

§ 197. La poursuite pourra avoir lieu sans demande, lorsque l'injure aura été commise envers une Assemblée législative de l'Empire ou d'un des États Fédéraux, ou envers un autre corps politique. Néanmoins la poursuite ne pourra avoir lieu qu'avec l'autorisation du corps offensé.

§ 198. Lorsque, en cas d'injure réciproque, la poursuite aura été demandée par l'une des parties, l'autre partie sera tenue, sous peine de déchéance de son droit, de former sa demande au plus tard avant la clôture des débats en première instance, ce à quoi elle sera autorisée même lorsque le délai de trois mois serait déjà expiré à cette époque.

§ 199. Lorsqu'un individu injurié aura sur-le-champ répondu à l'injure, le juge pourra acquitter les deux prévenus ou l'un d'eux.

§ 200. Lorsqu'une peine est prononcée pour injure commise soit publiquement, soit par l'émission d'écrits, images ou reproductions, la partie offensée devra en même temps être autorisée à rendre publique la condamnation aux frais du condamné. Le mode, ainsi que le délai de la publication, seront déterminés dans le jugement.

Lorsque l'injure aura eu lieu dans un journal ou dans une publication périodique, le dispositif du jugement devra être, sur la demande de la partie offensée, publié par les journaux, et si faire se peut, par le même journal ou la même publication périodique, dans la même partie de la feuille et avec les mêmes caractères typographiques que l'article injurieux.

Une expédition du jugement sera délivrée à la partie offensée aux frais du condamné.

Quinzième Section.

Du duel.

§ 201. Seront punis de la détention jusqu'à six mois dans une forteresse, la provocation au duel à armes meurtrières, ainsi que l'acceptation du défi.

§ 202. La peine sera la détention de deux mois à deux ans dans une forteresse, lorsque, dans le défi, l'intention de faire perdre la vie à l'un des adversaires aura été déclarée, ou que cette intention résultera du genre de duel choisi.

§ 203. Ceux qui se chargeront de la provocation ou qui la transmettront à la partie adverse (intermédiaires du défi) seront punis de la détention jusqu'à six mois dans une forteresse.

§ 204. Le défi et son acceptation, ainsi que les intermédiaires du défi, seront exempts de peine lorsque les parties auront spontanément renoncé au duel avant d'en être venues à un commencement d'exécution.

§ 205. Le duel sera puni de la peine de la détention de trois mois à cinq ans dans une forteresse.

§ 206. Quiconque aura tué son adversaire en duel sera puni de deux ans au moins de détention dans une forteresse; lorsque le duel aura été tel qu'il devait amener la mort de l'un des deux adversaires, la détention dans une forteresse sera de trois ans au moins.

§ 207. Celui des combattants qui aura tué ou blessé son adversaire en violant volontairement les règles conventionnelles ou traditionnelles du duel, sera puni conformément aux dispositions générales sur le crime d'homicide ou pour coups et blessures, à moins qu'il n'ait encouru une peine plus grave aux termes des dispositions ci-dessus.

§ 208. Lorsque le duel aura eu lieu sans seconds, la peine encourue pourra être augmentée de la moitié, sans que néanmoins elle puisse dépasser quinze ans.

§ 209. Les intermédiaires du défi qui auront cherché sérieusement à empêcher le duel, les seconds ainsi que les témoins, médecins et chirurgiens appelés pour assister au duel, seront exempts de peine.

§ 210. Quiconque aura volontairement, notamment par des marques ou menaces de mépris, excité quelqu'un au duel avec un tiers, sera, lorsque le duel aura eu lieu, puni d'un emprisonnement de trois mois au moins.

Seizième Section.

Des crimes et délits contre la vie.

§ 211. L'homicide volontaire sera qualifié assassinat et puni de mort lorsqu'il aura été commis avec préméditation.

§ 212. L'homicide commis volontairement, mais sans préméditation, est qualifié meurtre et sera puni de cinq ans au moins de réclusion.

§ 213. Lorsque le meurtrier aura été, sans sa faute, excité à la colère par la personne tuée, soit par de mauvais traitements, soit par une injure grave, commis envers lui ou un de ses proches, et qu'il aura été ainsi instantanément entraîné à l'action, ou lorsqu'il y aura d'autres circonstances atténuantes, la peine sera un emprisonnement de six mois au moins.

§ 214. Quiconque, en entreprenant un acte punissable, aura tué volontairement un individu afin d'écarter un obstacle s'opposant à l'exécution de cet acte ou afin de se soustraire à l'arrestation en flagrant délit, sera puni de dix ans au moins de réclusion ou de la réclusion à perpétuité.

§ 215. Le meurtre commis sur la personne d'un ascendant sera puni de dix ans au moins de réclusion ou de la réclusion à perpétuité.

§ 216. Quiconque se sera décidé à commettre un homicide volontaire sur les instances expresses et sérieuses de la personne tuée, sera puni d'un emprisonnement de trois ans au moins.

§ 217. Sera punie de trois ans au moins de réclusion, la mère qui aura tué volontairement son enfant illégitime pendant ou immédiatement après la naissance.

En cas de circonstances atténuantes, la peine sera un emprisonnement de deux ans au moins.

§ 218. Sera punie de la réclusion jusqu'à cinq ans, la femme enceinte qui se sera procuré l'avortement à elle-même, ou qui aura tué son enfant dans son sein.

En cas de circonstances atténuantes, la peine sera un emprisonnement de six mois au moins.

Les mêmes peines seront prononcées contre celui qui, du consentement d'une femme enceinte, lui aura appliqué ou administré les moyens qui auront servi à la faire avorter ou à tuer l'enfant dans son sein.

§ 219. Sera puni de la réclusion jusqu'à dix ans quiconque aura procuré, appliqué ou administré à une femme enceinte qui s'est fait avorter ou qui a tué son enfant dans son sein, les moyens qui ont servi à cet effet, et qui se sera fait payer pour ce service.

§ 220. Sera puni de deux ans au moins de réclusion quiconque aura volontairement, à l'insu ou contre la volonté d'une femme enceinte, procuré son avortement ou tué son enfant dans son sein.

Lorsque l'acte aura occasionné la mort de la femme enceinte la peine sera la réclusion pendant dix ans au moins ou la réclusion à perpétuité.

§ 221. Quiconque aura exposé une personne qui, à raison de son jeune âge, de ses infirmités ou de ses maladies, ne peut s'aider elle même, ou aura volontairement délaissé sans secours une personne dans ces conditions, placée sous sa garde, ou qu'il était tenu de transporter ou à laquelle il était tenu de procurer un asile chez lui ou chez autrui, sera puni de trois mois d'emprisonnement au moins.

Lorsque l'acte d'abandon aura été commis par le père ou la mère envers leur enfant, le tribunal prononcera un emprisonnement de six mois au moins.

Lorsqu'une lésion grave aura été occasionnée par cet abandon à la personne exposée ou délaissée, la peine sera la réclusion jusqu'à dix ans, et lorsque l'abandon aura causé sa mort, la réclusion pendant trois ans au moins.

§ 222. Quiconque, par négligence ou imprudence aura occasionné la mort d'autrui, sera puni d'un emprisonnement jusqu'à trois ans.

Lorsque l'auteur du fait était astreint, à raison de ses fonctions, de sa profession ou de son métier, à une attention particulière qu'il aura négligée, la peine pourra atteindre le maximum de cinq ans d'emprisonnement.

Dix-septième Section.

Des lésions corporelles.

§ 223. Quiconque aura volontairement exercé des voies de fait ou causé un dommage à la santé d'autrui sera, pour fait de lésion corporelle, puni d'un emprisonnement jusqu'à trois ans ou d'une amende jusqu'à mille marks.

Lorsque les mauvais traitements auront été commis envers des parents de la ligne ascendante, le tribunal appliquera un emprisonnement d'un mois au moins.

§ 223a. Lorsqu'une lésion corporelle aura été occasionnée au moyen d'une arme, en particulier d'un couteau ou d'un autre instrument dangereux, ou bien avec guet-à-pens, ou par plusieurs personnes réunies, ou bien au moyen de traitements entraînant le danger de mort, l'emprisonnement sera de deux mois au moins.

Les peines seront les mêmes, lorsque la lésion corporelle aura été occasionnée au moyen d'un maltraitement cruel et malin vis à vis d'une personne au dessous de dix-huit ans ou qui, par infirmité ou maladie, est hors d'état de se défendre, qui est placée sous les soins ou la surveillance, ou qui fait partie du ménage de l'auteur ou qui a été confiée à la puissance de l'auteur par la personne, à laquelle incombait le devoir de prendre soin d'elle.

§ 224. Si les voies de fait ont occasionné à la personne maltraitée la perte d'un membre important, de la vue, même d'un œil seulement, de l'ouïe, de la parole ou de la faculté génératrice, ou si elle a été défigurée d'une manière grave et permanente, ou si elle est tombée dans un état de langueur, de paralysie ou d'affection mentale, la peine sera la réclusion jusqu'à cinq ans ou un emprisonnement qui ne pourra être au-dessous d'un an.

§ 225. Lorsque l'auteur des voies de fait aura eu pour but un des résultats énumérés ci-dessus, et que ce but aura été atteint, la peine sera la réclusion de deux à dix ans.

§ 226. Lorsque la lésion aura occasionné la mort de la personne maltraitée, la peine sera la réclusion pendant trois ans au moins ou l'emprisonnement pendant trois ans au moins.

§ 227. Lorsque, dans une rixe ou une attaque exécutée par plusieurs personnes, quelqu'un est tué ou grièvement lésé (§ 224), tout individu, qui aura participé à la rixe ou à l'attaque sera, pour le seul fait de sa participation, puni d'un emprisonnement jusqu'à trois ans, à moins qu'il n'y ait été impliqué sans sa faute.

Lorsque la mort ou la lésion grave énoncées ci-dessus devront être attribuées à plusieurs blessures qui ne l'auraient pas occasionnée séparément, mais dont le concours seul l'aura provoquée, tout individu auquel un de ces coups ou blessures tombera à charge sera condamné à la réclusion jusqu'à cinq ans.

§ 228. En cas de circonstances atténuantes, la peine sera, dans les cas du § 223 alinéa 2 et du § 223 a, un emprisonnement jusqu'à trois ans ou une amende jusqu'à mille marks, dans les cas des §§ 224 et 227 alinéa 2, un emprisonnement d'un mois au moins, et dans le cas du § 226 un emprisonnement de trois mois au moins.

§ 229. Quiconque, dans l'intention de nuire à la santé d'autrui, lui aura administré des poisons ou autres substances propres à altérer la santé, sera puni de la réclusion jusqu'à dix ans.

Lorsqu'il en sera résulté une lésion grave, la peine sera celle de la réclusion pendant cinq ans au moins, et lorsque le fait aura occasionné la mort, celle de la réclusion pendant dix ans au moins, ou même à perpétuité.

§ 230. Sera puni d'une amende jusqu'à neuf cents marks ou d'un emprisonnement jusqu'à deux ans quiconque, par négligence ou imprudence, aura occasionné une lésion à autrui.

Si l'auteur de la lésion était, à raison de ses fonctions, de sa profession ou de son métier, tenu d'observer une attention toute particulière qu'il a négligée, la peine sera celle de l'emprisonnement jusqu'à trois ans.

§ 231. Dans tous les cas de lésion, le tribunal pourra, outre la peine, prononcer au profit de la personne lésée, sur sa demande, une indemnité qui pourra s'élever jusqu'à six mille marks.

Dans ce cas, l'offensé ne pourra plus obtenir d'autres dommages-intérêts.

Les personnes condamnées au montant de cette indemnité seront tenues solidairement jusqu'à parfait paiement.

§ 232. La poursuite à l'occasion de lésions volontaires légères, ainsi qu'à l'occasion de toutes lésions produites par négligence ou imprudence (§§ 223, 230), n'aura lieu que sur demande, à moins que l'auteur du délit n'ait contrevenu aux obligations que lui imposaient ses fonctions, sa profession ou son métier.

Si le délit a été commis envers un proche, la demande en poursuites pourra être retirée.

Les dispositions des §§ 195, 196 et 198 seront également applicables aux cas prévus par le présent paragraphe.

§ 233. Lorsque deux individus auront exercé des violences légères sur la personne l'un de l'autre, ou bien que l'un aura répondu par des violences légères à l'injure de l'autre, ou par une injure à des violences légères, le juge pourra, à l'égard des deux prévenus ou à l'égard de l'un d'eux seulement, prononcer une peine plus douce quant à la nature ou à la mesure de la peine ; il pourra même acquitter les deux ou l'un des deux.

Dix-huitième Section.

Des crimes et délits contre la liberté individuelle.

§ 234. Quiconque par fraude, menaces ou violence se sera emparé de quelqu'un, soit pour le délaisser dans un état de détresse, soit pour le réduire à l'esclavage ou au servage, soit pour l'enrôler dans les troupes de terre ou de mer d'un pays étranger, sera comme coupable de rapt, puni de la réclusion.

§ 235. Quiconque par fraude, menaces ou violence, aura enlevé un mineur à ses père et mère, à son tuteur ou à son curateur, sera puni de l'emprisonnement.

En cas de circonstances atténuantes, la peine sera l'amende jusqu'à trois mille marks.

Lorsque le fait aura été commis dans l'intention de se servir de la personne du mineur pour mendier, ou dans un but intéressé ou immoral, ou pour des occupations de cette nature, la peine sera celle de la réclusion jusqu'à dix ans.

§ 236. Quiconque par fraude, menaces ou violence aura enlevé contre sa volonté une personne du sexe féminin dans le but de la séduire, sera puni de la peine de la réclusion jusqu'à dix ans, et lorsque l'enlèvement aura été commis pour amener la personne enlevée à contracter mariage, la peine sera celle de l'emprisonnement.

La poursuite n'aura lieu que sur demande.

§ 237. Sera puni de la peine de l'emprisonnement, quiconque aura enlevé de son consentement une personne de sexe féminin, mineure, non mariée, dans le but de la séduire ou de l'amener à contracter mariage, alors que le fait aura été commis sans le consentement des père et mère ou du tuteur ou du curateur de la personne enlevée.

La poursuite n'aura lieu que sur demande.

§ 238. Lorsque le ravisseur aura épousé la personne enlevée, la pousuite n'aura lieu qu'après que le mariage aura été déclaré nul.

§ 239. Quiconque aura volontairement et illégalement détenu un individu, ou l'aura privé d'une autre manière de l'usage de sa liberté, sera puni de la peine de l'emprisonnement ou d'une amende jusqu'à deux mille marks.

Lorsque la privation de la liberté aura duré plus d'une semaine, ou lorsque ce fait par lui-même ou les traitements éprouvés pendant ce temps auront occasionné une lésion grave à la personne privée de sa liberté, la peine sera celle de la réclusion jusqu'à dix ans. En cas de circonstances atténuantes, la peine ne pourra être inférieure à un mois d'emprisonnement. Lorsque la privation de la liberté ou les traitements éprouvés pendant ce temps auront occasionné la mort de la personne privée de sa liberté, la peine ne pourra être inférieure à trois ans de réclusion. En cas de circonstances atténuantes, la peine sera d'un emprisonnement de trois mois au moins.

§ 240. Quiconque aura, illégalement, par violence ou par la menace d'un crime ou d'un délit, contraint un individu à commettre une action, à s'en abstenir ou à tolérer qu'elle soit commise, sera puni d'un emprisonnement jusqu'à un an ou d'une amende jusqu'à six cents marks.

La tentative est punissable.

§ 241. Quiconque aura menacé quelqu'un d'un attentat qualifié de crime, sera puni d'un emprisonnement jusqu'à six mois ou d'une amende jusqu'à six cents marks.

La tentative est punissable.

Dix-neuvième Section.

Du vol et du détournement.

§ 242. Quiconque aura enlevé à autrui, dans le but de se l'approprier illégalement, un objet mobilier* qui n'appartient pas à celui qui l'enlève, sera, comme coupable de vol, puni de la peine de l'emprisonnement.

La tentative est punissable.

§ 243. Seront punis de la réclusion jusqu'à dix ans les vols commis dans les circonstances suivantes:

1° lorsque des objets consacrés au culte auront été enlevés dans un édifice destiné au culte;

---

* Le détournement d'énergie électrique est puni selon la loi du 9 avril 1900 (Bulletin des lois de l'Empire p. 228).

2° lorsque le vol aura été commis dans un bâtiment ou un enclos à l'aide d'effraction extérieure, d'escalade ou d'effraction intérieure ou bris d'objets mobiliers quelconques ;

3° lorsque, pour ouvrir un bâtiment ou les abords d'un enclos ou pour pratiquer à l'intérieur l'ouverture de portes, clôtures ou objets mobiliers quelconques, le voleur se sera servi de fausses clefs ou d'autres instruments, qui ne sont pas régulièrement destinés à leur ouverture ;

4° lorsque, sur un chemin public, dans une rue, sur une place publique, sur un cours d'eau navigable ou un chemin de fer, dans un édifice ou une cour dépendant de l'administration des postes, ou dans une gare de chemin de fer, tout ou partie des bagages d'un voyageur ou d'autres objets destinés à être transportés, auront été volés et qu'on aura coupé ou enlevé à cet effet les liens ou l'emballage de ces paquets, ou qu'on se sera servi de fausses clefs ou d'autres instruments qui ne sont pas régulièrement destinés à l'ouverture desdits objets ;

5° lorsque le voleur ou un de ses complices aura été porteur d'armes au moment de la perpétration du vol ;

6° lorsque le vol aura été commis par plusieurs individus associés dans le but de commettre des vols avec ou sans violences ;

7° lorsque le vol aura été commis la nuit dans un édifice habité, dans lequel le coupable se sera introduit furtivement ou se sera tenu caché dans l'intention de voler, lors même qu'au moment du vol il n'y aurait pas eu d'habitants présents dans l'édifice. Seront assimilés à un édifice habité les enclos y attenant et les constructions de toute sorte établies dans ces enclos, ainsi que les bateaux habités.

En cas de circonstances atténuantes, la peine ne pourra être inférieure à trois mois d'emprisonnement.

§ 244. Quiconque, ayant été condamné par un tribunal de l'Allemagne, soit pour vol avec ou sans violences, soit pour un fait assimilé au vol avec violences, soit pour recel, se sera rendu de nouveau coupable d'un crime ou délit de cette nature et aura été puni à raison de cette seconde infraction, sera condamné, lorsqu'il s'agira d'un nouveau vol simple (§ 242), à la peine de la réclusion jusqu'à dix ans, et, lorsqu'il s'agira d'un vol qualifié (§ 243) à deux ans au moins de réclusion.

En cas de circonstances atténuantes, la peine sera de trois mois d'emprisonnement au moins en matière de vol simple, et d'un an d'emprisonnement au moins en matière de vol qualifié.

§ 245. Les disposition du § 244 seront appliquées, même lorsque les peines antérieures n'auront été subies qu'en partie seulement, ou que remise en aura été faite pour tout ou pour partie ; mais elles ne seront point appliquées quand il se sera écoulé un laps de temps de dix ans entre l'époque où la dernière peine aura été subie ou l'époque de la remise de cette peine et celle où le nouveau vol aura été perpétré.

§ 246. Quiconque se sera approprié illégalement un objet mobilier qui ne lui appartient pas, mais qu'il était en sa possession ou sous sa garde, sera, comme coupable de détournement, condamné à un emprisonnement jusqu'à trois ans, et, quand cet objet lui aura été confié, à un emprisonnement jusqu'à cinq ans.

En cas de circonstances atténuantes, la peine pourra être d'une amende jusqu'à neuf cents marks.

La tentative est punissable.

§ 247. Quiconque aura commis, au détriment de ses proches, tuteurs ou précepteurs, ou bien d'un maître dont il est l'apprenti ou dont il partage le domicile en qualité de domestique, un vol ou un détournement concernant des objets d'une valeur minime, ne devra être poursuivi que sur demande. Cette demande pourra être retirée.

Ne seront point poursuivis le vol ou le détournement commis par les parents de la ligne ascendante envers les parents de la ligne descendante, ou bien entre époux.

Ces dispositions ne sont pas applicables aux co-auteurs ou complices de tout genre qui ne se trouvent pas dans les mêmes rapports personnels.

§ 248. Dans le cas de condamnation à l'emprisonnement pour vol ou détournement, le coupable pourra en outre être privé des droits civiques, et, dans le cas de condamnation à la réclusion pour vol, la surveillance de la police pourra être déclarée admissible.

§ 248a. Sera puni d'une amende jusqu'à trois cents marks ou d'un emprisonnement jusqu'à trois mois, quiconque, poussé par le besoin, aura détourné ou soustrait des objets de peu de valeur.

La poursuite n'aura lieu que sur demande. Cette demande pourra être retirée.

Ne sera point poursuivi l'acte commis envers les parents de la ligne descendante ou bien commis entre époux.

Vingtième Section.

Du vol commis à l'aide de violences, et de l'extorsion.

§ 249. Quiconque, à l'aide de violences envers une personne, ou en la menaçant d'un danger actuel pour sa personne ou sa vie, aura enlevé à autrui pour se l'approprier illégalement un objet mobilier n'appartenant pas à celui qui l'enlève, sera, comme coupable de vol commis à l'aide de violences, puni de la réclusion.

En cas de circonstances atténuantes, la peine ne pourra être inférieure à un emprisonnement de six mois.

§ 250. Seront punis de cinq ans au moins de réclusion les vols commis dans les circonstances suivantes :

1° lorsque l'auteur du vol commis à l'aide de violences, ou l'un des complices, aura été, au moment du crime, porteur d'armes ;

2° lorsque le vol à l'aide de violences aura été commis par plusieurs individus associés dans le but de commettre des vols avec ou sans violences ;

3° lorsque le vol avec violences aura été commis sur un chemin public, dans une rue, sur un chemin de fer, une place publique, en pleine mer ou sur un cours d'eau navigable ;

4° lorsque le vol avec violences aura été commis la nuit dans un édifice habité (§ 243 n° 7) dans lequel le voleur se sera introduit furtivement pour commettre un vol avec ou sans violence, ou dont il se sera procuré l'entrée par violence, ou dans lequel il se sera caché dans le même but, ou

5° lorsque le coupable de vol avec violences a déjà été condamné, par un tribunal allemand, pour vol avec violences ou pour un crime assimilé au vol de cette espèce. Les dispositions contenues au § 245 seront également applicables.

En cas de circonstances atténuantes, la peine ne pourra être au-dessous d'un an d'emprisonnement.

§ 251. La peine sera celle de dix ans de réclusion au moins ou de la réclusion à perpétuité, lorsque, à l'occasion du vol commis avec violences, une personne aura été soumise à des tortures corporelles, ou que la violence exercée envers elle lui aura causé une lésion grave ou bien aura occasionné sa mort.

§ 252. Tout individu qui, surpris en flagrant délit de vol, aura, pour se maintenir en possession de l'objet volé, exercé des violences envers quelqu'un ou l'aura menacé d'un danger actuel pour sa personne ou sa vie, sera condamné aux mêmes peines que celui qui aura commis un vol avec violences.

§ 253. Quiconque, dans le but de s'assurer à lui même ou d'assurer à un tiers un gain illégal, aura par violence ou menace, contraint une personne à commettre une action, à s'en abstenir ou à tolérer qu'elle soit commise, sera puni, comme coupable d'extorsion, d'un emprisonnement d'un mois au moins.

La tentative est punissable.

§ 254. Si l'extorsion a été commise avec menace d'assassinat, d'incendie ou d'inondation, la peine sera la réclusion jusqu'à cinq ans.

§ 255. Si l'extorsion a été commise à l'aide de violences envers quelqu'un ou sous la menace d'un danger actuel pour la personne ou la vie, le coupable sera puni comme l'auteur d'un vol commis à l'aide de violences.

§ 256. Dans le cas de condamnation à l'emprisonnement pour extorsion, le coupable pourra en outre être privé de l'exercice des droits civiques, et dans le cas de condamnation à la réclusion pour vol avec violences ou pour extorsion, la surveillance de la police pourra être déclarée admissible.

Vingt-et-unième Section.

Des complices par assistance subséquente et des receleurs.

§ 257. Quiconque, après la perpétration d'un crime ou délit, aura sciemment prêté assistance à l'auteur ou au complice, pour le soustraire à l'action de la justice ou lui assurer le gain qu'il retire du fait criminel ou délictueux, sera qualifié complice par assistance subséquente du crime ou délit et puni d'une amende jusqu'à six cents marks ou d'un emprisonnement jusqu'à un an; lorsqu'il aura prêté assistance dans son propre intérêt, il sera condamné à la peine de l'emprisonnement. La peine, toutefois, ne pourra être plus forte, ni sous le rapport de sa nature, ni sous le rapport de sa quotité, que celle dont la loi punit l'action principale.

Le complice par assistance subséquente n'est pas punissable si l'auteur principal du crime ou délit, ou le complice auquel il a prêté son assistance, était un de ses proches, et si cette assistance avait pour but de soustraire ce dernier à l'action de la justice.

Le complice par assistance subséquente sera puni comme complice par assistance s'il a promis son concours avant la perpétration du crime ou délit. Cette disposition est également applicable aux proches.

§ 258. Le complice par assistance subséquente qui aura agi dans son propre intérêt, sera puni, comme receleur, de la manière suivante :

1° de la peine de l'emprisonnement, lorsque l'auteur principal du crime ou délit, auquel il a prêté son assistance, aura commis un vol simple ou un détournement;

2° de la peine de la réclusion jusqu'à cinq ans, lorsque l'auteur principal du crime ou délit, auquel il a prêté son assistance, aura commis un vol qualifié, un vol avec violences ou un crime assimilé au vol commis avec violences.

En cas de circonstances atténuantes, la peine ne pourra être inférieure à trois mois d'emprisonnement.

Ces dispositions seront applicables lors même que le receleur serait un proche de l'auteur principal du crime ou délit.

§ 259. Sera puni de la peine de l'emprisonnement, comme coupable de recel, quiconque, dans son propre intérêt, aura dissimulé, acheté, reçu en gage, ou acquis de toute autre manière des objets qu'il sait ou doit supposer, d'après les circonstances, être acquis au moyen d'un fait délictueux, ou quiconque aura concouru à l'aliénation de ces objets.

§ 260. Tout individu qui exercera le métier de receleur, ou qui recélera d'habitude, sera puni de la réclusion jusqu'à dix ans.

§ 261. Quiconque, ayant été condamné par un tribunal de l'Allemagne comme receleur, aura ensuite été puni une seconde fois pour un crime ou délit de même nature, sera puni de deux ans au moins de réclusion lorsqu'il se sera rendu coupable d'un nouveau recel à la suite, soit d'un vol qualifié, soit d'un vol commis avec violences ou d'un crime assimilé à ce dernier fait. En cas de circonstances atténuantes, la peine ne pourra être inférieure à un an d'emprisonnement.

Lorsque le recel aura lieu à la suite d'une autre infraction, la peine sera celle de la réclusion jusqu'à dix ans. En cas de circonstances atténuantes, la peine sera de trois mois d'emprisonnement au moins.

Les dispositions contenues au § 245 pourront également être appliquées.

§ 262. En outre de la peine de l'emprisonnement l'individu coupable de recel pourra être privé des droits civiques. La surveillance de la police pourra être déclarée admissible conjointement avec n'importe quelle peine prononcée pour recel.

Vingt-deuxième Section.

De l'escroquerie et des abus de confiance.

§ 263. Quiconque, dans l'intention de se procurer à lui-même ou à une tierce personne un gain illicite, aura porté préjudice à la fortune d'autrui en provoquant ou en entretenant une erreur, soit par l'allégation de faits qu'il sait être faux, soit par l'altération ou la dissimulation de faits véritables, sera comme coupable d'escroquerie, puni de la peine de l'emprisonnement; il pourra de plus être condamné à une amende jusqu'à trois mille marks et privé de l'exercice des droit civiques.

En cas de circonstances atténuantes, la peine pourra être restreinte à l'amende seulement.

La tentative est punissable.

Lorsque le fait d'escroquerie aura été commis envers des proches, tuteurs ou précepteurs, la poursuite n'aura lieu que sur demande. Cette demande pourra être retirée.

§ 264. Quiconque, après avoir été condamné par un tribunal de l'Allemagne pour délit d'escroquerie, aura ensuite été puni une seconde fois pour un délit de même nature, sera, lorsqu'il se sera rendu coupable d'une nouvelle escroquerie, condamné à la réclusion jusqu'à dix ans et, en outre, à une amende de cent cinquante à six mille marks.

En cas de circonstances atténuantes, la peine sera de trois mois d'emprisonnement au moins; le coupable pourra de plus être condamné à une amende jusqu'à trois mille marks.

Les dispositions contenues au § 245 pourront également être appliquées.

§ 264a. Sera puni d'une amende jusqu'à trois cents marks ou d'un emprisonnement jusqu'à trois mois, quiconque, pressé par le besoin, se sera procuré à lui-même ou à autrui par fraude (§ 263 alinéa 1) des objets de peu de valeur au préjudice d'un autre. La tentative est punissable. La poursuite n'aura lieu que sur demande. Cette demande pourra être retirée.

Ne sera point poursuivi l'acte commis envers des parents de la ligne descendante ou par un époux envers l'autre.

§ 265. Quiconque, dans l'intention de commettre une escroquerie, aura mis le feu à un objet assuré contre l'incendie, ou aura, dans la même intention, fait échouer ou couler un navire ou bateau assuré, soit que l'assurance concerne l'embarcation comme telle, soit qu'elle concerne la cargaison ou le fret, sera puni de la peine de la réclusion jusqu'à dix ans et en outre d'une amende de cent cinquante à six mille marks.

En cas de circonstances atténuantes, la peine sera de six mois d'emprisonnement au moins, et le coupable pourra de plus être condamné à une amende jusqu'à trois mille marks.

§ 266. Seront puni, comme coupables d'abus de confiance, de la peine de l'emprisonnement et de la privation des droits civiques, ou de la première de ces deux peines seulement, les personnes suivantes :

1° les tuteurs, curateurs, administrateurs de biens, séquestres, syndics, ou gérants de masses, exécuteurs testamentaires, administrateurs de fondations, lorsqu'il auront volontairement agi au détriment des personnes ou des choses confiées à leur surveillance ;

2° les mandataires qui auront volontairement disposé des créances ou des biens du mandant au préjudice de ce dernier ;

3° les arpenteurs, vendeurs à l'encan, courtiers, pourvoyeurs, commissionnaires, peseurs, mesureurs, trieurs, essayeurs, arrimeurs et autres personnes assermentées par l'autorité pour l'exercice de leur profession, lorsque dans les affaires commises à leur intermédiaire, ils auront volontairement porté préjudice à ceux dont les intérêts leur auront été confiés.

Lorsqu'il auront commis l'abus de confiance dans le but de s'attribuer un gain ou d'en attribuer un à autrui, ils pourront, en outre de la peine de l'emprisonnement, être condamnés à une amende jusqu'à trois mille marks.

Vingt-troisième Section.

De la falsification de documents.

§ 267. Quiconque, dans une intention frauduleuse, aura falsifié ou contrefait un document authentique, soit de l'Allemagne, soit d'un pays étranger, ou bien un document privé dont l'existence importe pour prouver des droits ou liens juridiques, et aura fait usage desdits documents falsifiés ou contrefaits dans le but de tromper, sera, comme coupable de falsification de documents, puni de la peine de l'emprisonnement.

§ 268. Lorsque le coupable de falsification de documents aura eu pour but de s'attribuer un gain, ou d'en attribuer un à autrui, ou de causer un préjudice à autrui, les peines seront les suivantes :

1° la réclusion jusqu'à cinq ans et une amende jusqu'à trois mille marks, ou la première de ces deux peines seulement, lorsqu'il s'agira d'un document privé ;

2° la réclusion jusqu'à dix ans et une amende de cent cinquante à six mille marks, ou la première de ces deux peines seulement, lorsqu'il s'agira d'un document authentique.

En cas de circonstances atténuantes, la peine sera d'une semaine au moins d'emprisonnement quand il s'agira de la falsification d'un document privé, et d'un emprisonnement de trois mois au moins quand il s'agira de la falsification d'un document authentique. Le coupable pourra de plus être condamné à une amende jusqu'à trois mille marks.

§ 269. Sera assimilé à la fabrication frauduleuse d'un document le fait d'avoir rempli un blanc-seing sans le consentement ou contrairement aux instructions du signataire, et d'avoir ainsi donné à cet écrit le caractère d'un document.

§ 270. Sera assimilé à la falsification de documents le fait d'avoir, dans l'intention de tromper, fait usage d'un document faux ou falsifié, sachant qu'il était faux ou falsifié.

§ 271. Quiconque aura volontairement fait constater comme vrais, dans des documents, livres ou registres publics, des déclarations, des actes ou des faits dont dépendent des droits ou des liens juridiques, tandis que ces déclarations, actes ou faits n'ont pas eu lieu, ou bien qu'ils ont eu lieu d'une autre manière, ou qu'ils émanent d'une personne ayant agi dans une qualité qu'elle n'a pas, ou d'une personne autre que celle désignée dans lesdits actes, sera puni d'un emprisonnement jusqu'à six mois ou d'une amende jusqu'à trois cents marks.

§ 272. Quiconque se sera rendu coupable du fait ci-dessus dans l'intention de s'attribuer un gain ou d'en attribuer un à autrui, ou de causer un préjudice à autrui, sera puni de la réclusion jusqu'à dix ans et d'une amende de cent cinquante à six mille marks, ou de la première de ces deux peines seulement.

En cas de circonstances atténuantes, la peine sera celle de l'emprisonnement, et le coupable pourra de plus être condamné à une amende jusqu'à trois mille marks.

§ 273. Quiconque aura sciemment et dans l'intention de tromper fait usage d'une constatation fausse de l'espèce mentionnée au § 271, sera passible des peines édictées à ce paragraphe, et lorsqu'il aura agi dans l'intention de s'attribuer un gain ou d'en attribuer un à autrui, ou de causer un préjudice à autrui, il sera passible des peines édictées au § 272.

§ 274. Sera puni de l'emprisonnement et d'une amende jusqu'à trois mille marks, ou de la première de ces deux peines seulement :

1° quiconque, dans le but de causer un préjudice à autrui, aura détrui, endommagé ou supprimé un document, dont il n'était point le propriétaire, ou qui ne lui appartenait pas exclusivement, ou

2° quiconque, dans le but de causer un préjudice à autrui, aura supprimé, détruit, altéré, reculé ou faussement placé une borne ou un objet quelconque destiné à établir une limite entre deux héritages ou à marquer le niveau de l'eau.

§ 275. Sera puni d'un emprisonnement de trois mois au moins :

1° quiconque aura sciemment fait usage de papiers timbrés, timbres mobiles, blancs-seings timbrés, empreintes de timbres, timbres-poste ou timbres-télégraphe ou enveloppes de lettres timbrées faux ou falsifiés ;

2° quiconque, dans le but de les faire servir comme véritables, aura fabriqué de faux papiers timbrés, timbre mobiles, blancs-seings timbrés, empreintes de timbres pour cartes à jouer, passe-ports ou autre imprimés ou écrits, et quiconque, dans le but de les faire servir comme véritables, aura fabriqué de faux timbres-poste, timbres-télégraphe ou enveloppes de lettres timbrées, ou

3° quiconque, dans le but de les faire prendre pour une valeur supérieure, aura falsifié des papiers timbrés, timbres mobiles, blancs-seings timbrés, empreintes de timbres, timbre-poste ou timbre-télégraphe ou enveloppes de lettres timbrées véritables.

§ 276. Quiconque aura sciemment employé à la rédaction d'actes soumis au timbre des papiers timbrés ayant déjà servi à des documents, actes ou formules soumis au timbre, ou des timbres mobiles ou blancs-seings timbrés ayant déjà servi, ainsi que des empreintes de timbres ayant déjà servi à donner décharge de l'impôt, sera, en sus des peines édictées pour les contraventions aux règlements de l'impôt du timbre, puni d'une amende jusqu'à six cents marks.

Les mêmes peines seront prononcées en sus des peines édictées pour la soustraction frauduleuse des taxes-postales ou des taxes pour télégrammes, contre celui, qui aura sciemment employé à l'affranchissement des timbres-poste ou des timbres-télégramme, ayant déjà servi, après y avoir enlevé tout ou en partie les marques d'oblitération.

§ 277. Quiconque, en prenant la fausse qualité de médecin ou d'officier de santé diplômé, ou en se servant sans autorisation du nom d'une personne de cette classe, aura délivré un certificat destiné à constater l'état de sa propre santé ou de celle d'autrui, ou quiconque aura falsifié un certificat de cette nature régulièrement délivré et en aura fait usage pour tromper les autorités ou les compagnies d'assurance, sera puni d'un emprisonnement jusqu'à un an.

§ 278. Seront punis d'un emprisonnement d'un mois à deux ans les médecins et officiers de santé diplômés, qui, bien qu'instruits du véritable état des choses, auront délivré un certificat non véridique sur l'état de santé d'une personne, alors que ce certificat devait être produit devant une autorité ou une compagnie d'assurance.

§ 279. Quiconque, pour induire en erreur une autorité ou une compagnie d'assurance sur l'état de sa santé ou de celle d'autrui, aura fait usage d'un certificat de la nature de ceux désignés aux §§ 277 et 278, sera puni d'un emprisonnement jusqu'à un an.

§ 280. Outre la peine de l'emprisonnement édictée par les §§ 267, 274, 275, 277 à 279, le coupable pourra être privé des droits civiques.

Vingt-quatrième Section.

De la banqueroute.

Les articles 281 à 283 du Code pénal sont abrogés; ils ont été remplacés par les articles 239 à 244 suivants du Code des faillites.

§ 239 du Code des faillites. Les débiteurs qui ont cessé leurs payements ou sur les biens desquels la procédure de faillite a été ouverte, seront punis, pour crime de banqueroute frauduleuse, de la peine de la réclusion, lorsque, dans le but de frustrer leurs créanciers ils auront:

1° dissimulé ou détourné des biens ou valeurs;

2° reconnu ou porté à leur passif des dettes ou obligations fictives pour le tout ou en partie;

3° omis de tenir des livres dont la tenue était prescrite par la loi, ou

4° détruit ou dissimulé leurs livres de commerce ou bien tenu ou altéré ces livres de manière qu'ils ne présentent pas la véritable situation de leur fortune.

En cas de circonstances atténuantes, la peine sera de trois mois d'emprisonnement au moins.

§ 240 du Code des faillites. Les débiteurs qui ont cessé leurs payements ou sur les biens desquels la procédure de faillite a été ouverte, seront punis, pour délit de banqueroute simple, d'un emprisonnement jusqu'à deux ans, lorsqu'ils auront:

1° dissipé des sommes ou contracté des dettes excessives, soit par des dépenses personelles exagérées, soit au jeu ou au pari, soit en spéculant à terme sur la hausse ou la baisse, des marchandises ou valeurs de bourse;

2° dans l'intention de différer l'ouverture de la faillite, pris à crédit des marchandises ou des valeurs, les auront vendu ou autrement cédé contrairement aux exigences d'une économie régulière, à un prix considérablement au-dessous de leur vraie valeur;

3° négligé de tenir les livres dont la tenue leur était prescrite par la loi, ou bien dissimulé ou détruit ces livres, ou bien tenu ces livres d'une manière tellement irrégulière, qu'ils ne présentent pas leur véritable situation de fortune;

4° négligé, contrairement aux dispositions du Code de commerce de dresser le bilan de leur fortune dans le délai prescrit

§ 241 du Code des faillites. Les débiteurs, qui ont cessé leurs payements ou sur le patrimoine desquels la procédure de faillite a été ouverte, seront punis d'un emprisonnement jusqu'à deux ans, lorsque, tout en ayant connaissance de leur insolvabilité, ils auront accordé à un de leurs créanciers, dans le but de lui procurer un avantage vis-à-vis des autres créanciers, une garantie ou un payement auquel il n'avait pas le droit de prétendre, ou du moins pas à cette époque ou de cette manière.

En cas de circonstances atténuantes, la peine sera celle de l'amende jusqu'à six mille marks.

§ 242 du Code des faillites. Sera puni de la réclusion jusqu'à dix ans:

1° quiconque, dans l'intérêt d'un débiteur qui a cessé ses payements ou sur le patrimoine duquel la procédure de faillite a été ouverte, aura dissimulé ou détourné des biens ou valeurs appartenant à ce débiteur;

2° quiconque dans l'intérêt d'un débiteur qui se trouve dans cette situation, ou dans le but de s'attribuer un à autrui, aura fait valoir dans la procédure, en son propre nom ou par des personnes interposés, des créances fictives.

En cas de circonstances atténuantes, la peine sera celle de l'emprisonnement ou d'une amende jusqu'à six mille marks.

§ 243 du Code des faillites. Tout créancier qui se sera fait donner ou promettre par le failli ou par d'autres personnes des avantages ayant pour but de le décider à voter dans un sens déterminé lors des votes des créanciers, sera puni d'une amende jusqu'à trois mille marks ou de l'emprisonnement jusqu'à un an.

§ 244 du Code des faillites. Les dispositions pénales des §§ 239 à 241 sont applicables aux administrateurs d'une société par actions ou d'une association coopérative enre-

gistrée, ainsi qu'aux liquidateurs d'une société de commerce ou d'une association coopérative enregistrée qui a cessé ses payements ou sur les biens de laquelle la procédure de faillite a été ouverte, lorsqu'ils auront commis en ladite qualité les faits punissables prévus par ces paragraphes.

Vingt-cinquième Section.

Gains illicites et violation des secrets d'autrui.

§ 284. Quiconque fera son métier de tenir des jeux de hasard sera puni d'un emprisonnement jusqu'à deux ans ; il pourra en outre être condamné à une amende de trois cents à six mille marks et à la privation des droits civiques.

Si le coupable est un étranger, il pourra, par mesure de la haute police, être expulsé du territoire de la Confédération.

§ 285. Sera puni d'une amende jusqu'à quinze cents marks le maître d'un local destiné à des réunions publiques qui y aura toléré des jeux de hasard ou qui aura prêté son concours pour dissimuler l'existence de ces jeux.

§ 286. Quiconque, sans permission de l'autorité, aura organisé une loterie publique, sera puni d'un emprisonnement jusqu'à deux ans ou d'une amende jusqu'à trois mille marks.

Est assimilé aux loteries d'argent la mise en loterie publique d'objets mobiliers ou d'immeubles.

(§ 287 est abrogé.)

§ 288. Quiconque, menacé d'une exécution forcée, aura, dans le but de frustrer son créancier, aliéné ou détourné tout ou partie de ses biens, sera puni d'un emprisonnement jusqu'à deux ans, ou d'une amende jusqu'à deux mille marks.

La poursuite n'aura lieu que sur la demande du créancier.

§ 289. Sera puni d'un emprisonnement jusqu'à trois ans ou d'une amende jusqu'à neuf cents marks quiconque, dans une intention frustratoire, aura enlevé à l'usufruitier, au créancier gagiste, ou à celui qui est investi d'un droit d'usage ou de rétention, un objet mobilier dont il est le propriétaire ; il en sera de même d'un tiers qui, en faveur du propriétaire, aurait enlevé dans ces conditions un objet mobilier dont il n'est pas le propriétaire.

Outre la peine de l'emprisonnement le coupable pourra être privé des droit civiques.

La tentative est punissable.

La poursuite n'aura lieu que sur demande.

Les dispositions du § 247, alinéas 2 et 3, pourront également être appliquées.

§ 290. Les prêteurs sur gages publics, qui feront sans autorisation usage des objets par eux reçus en gage, seront punis d'un emprisonnement jusqu'à une année, et pourront en outre être condamnés à une amende jusqu'à neuf cents marks.

§ 291. Quiconque se sera illégalement approprié soit des munitions qui ont été employées par l'artillerie, soit des projectiles lancés dans les buttes pendant les exercices à feu des troupes, sera puni d'un emprisonnement jusqu'à une année ou d'une amende jusqu'à neuf cents marks.

§ 292. Quiconque se livrera à la chasse dans des lieux où il n'y n'est pas autorisé, sera puni d'une amende jusqu'à trois cents marks ou d'un emprisonnement jusqu'à trois mois.

Si le coupable est un des proches du propriétaire de la chasse, il ne pourra être poursuivi que sur demande. La demande peut être retirée.

§ 293. L'amende pourra s'élever jusqu'à six cents marks et l'emprisonnement jusqu'à six mois, lorsque le gibier n'aura pas été poursuivi avec des armes à feu ou des chiens, mais avec des lacets, filets, pièges ou autres engins, ou lorsque le délit aura été commis en temps prohibé, dans des forêts, pendant la nuit, ou par plusieurs personnes réunies.

§ 294. Quiconque fera métier de se livrer à la chasse sans y être autorisé, sera puni d'un emprisonnement de trois mois au moins. Il pourra de plus être privé des droits civiques et la surveillance de la police pourra être déclarée admissible.

§ 295. Le tribunal en dehors de la peine encourue pour délit de chasse, devra ordonner la confiscation du fusil, de l'attirail de chasse et des chiens dont le délinquant se sera servi à l'occasion du fait pour lequel il est poursuivi, de même que la confiscation des lacets, filets, pièges et autres engins, qu'ils soient ou non la propriété de ce dernier.

§ 296. Quiconque, sans avoir le droit de pêche, se sera livré à la pêche des poissons ou des écrevisses pendant la nuit, ou en faisant usage de torches ou bien de substances nuisibles ou explosives, sera puni d'une amende jusqu'à six cents marks ou d'un emprisonnement jusqu'à six mois.

§ 296a. Tout étranger qui, sans en avoir le droit, exerce la pêche dans les eaux côtières allemandes, sera puni d'une amende jusqu'à six cents marks ou d'un emprisonnement jusqu'à six mois.

Outre ces peines les tribunaux prononceront la confiscation des ustensiles de pêche dont le coupable aura été muni pendant l'exercice illégal de la pêche, ainsi que des poissons qui se trouveront dans l'embarcation, sans distinguer si ces ustensiles et poissons appartiennent ou non au condamné.

§ 297. Sera puni d'une amende jusqu'à quinze cents marks ou d'un emprisonnement jusqu'à deux ans le voyageur ou matelot qui, à l'insu du patron d'une embarcation, aura pris à bord des objets propres à compromettre la propriété de l'embarcation ou de la cargaison en les exposant à une saisie ou à une confiscation. Il en sera de même du patron qui aura pris à bord des objets de cette nature à l'insu de l'armateur.

§ 298. Sera puni d'un emprisonnement jusqu'à un an, que le délit ait été commis sur le territoire de la Confédération ou à l'étranger, tout matelot, qui se sera enfui en emportant son salaire ou qui se sera tenu caché pour se soustraire à son engagement.

§ 299. Quiconque aura volontairement et sans autorisation ouvert une lettre fermée ou un autre document fermé qui ne lui était pas personnellement destiné, sera puni d'une amende jusqu'à trois cents marks ou d'un emprisonnement jusqu'à trois mois.

La poursuite n'aura lieu que sur demande.

§ 300. Seront punis d'une amende jusqu'à quinze cents marks ou d'un emprisonnement jusqu'à trois mois les avoués, avocats, notaires, défenseurs en matière pénale, médecins, chirurgiens, sages-femmes, pharmaciens, ainsi que les aides de ces personnes, qui auront sans autorisation révélé des secrets qui leur avaient été confiés à raison de leurs fonctions, profession ou métier.

La poursuite n'aura lieu que sur demande.

§ 301. Quiconque, dans l'intention de s'attribuer un gain, aura abusé de l'imprudence ou de l'inexpérience d'un mineur pour lui faire souscrire des obligations, effets, reçus, cautionnements ou un autre document contenant obligation, ou se sera fait donner par un mineur une promesse de paiement même seulement verbale, sera puni d'un emprisonnement jusqu'à six mois ou d'une amende jusqu'à quinze cents marks.

La poursuite n'aura lieu que sur demande.

§ 302. Quiconque, dans le but de s'attribuer un gain, aura abusé de l'imprudence ou de l'inexpérience d'un mineur pour se faire promettre par lui, sur engagement d'honneur, sur parole d'honneur, sous la foi du serment ou d'une assurance ou affirmation analogue, le paiement d'une somme d'argent ou l'acquittement d'une obligation ayant pour objet la prestation de choses équivalentes à l'argent, sera puni d'un emprisonnement jusqu'à un an ou d'une amende jusqu'à trois mille marks.

Outre la peine de l'emprisonnement, le coupable pourra être privé de l'exercice des droits civiques.

Les mêmes peines seront prononcées contre celui qui se fera fait céder une créance, sachant que l'acquittement en a été promis par un mineur dans les circonstances indiquées ci-dessus.

La poursuite n'aura lieu que sur demande.

§ 302a. Sera puni, comme usurier, d'un emprisonnement jusqu'à six mois et en même temps d'une amende jusqu'à trois mille marks, quiconque, en exploitant la nécessité, l'imprudence ou l'inexpérience d'autrui, se sera fait promettre ou accorder à lui-même ou à une tierce personne par rapport à un prêt ou à un délai de créance ou à un autre acte juridique bilatéral servant au même but économique, un gain qui excède tellement le taux usuel, qu'il y a, vu les circonstances du cas, une disproportion évidente entre le gain et la prestation. Le coupable pourra être privé des droit civiques.

§ 302b. Sera puni d'un emprisonnement jusqu'à une année et en même temps d'une amende jusqu'à six mille marks, quiconque se sera fait promettre à lui même ou à une tierce personne ce gain usuraire (§ 302a) en le palliant ou en demandant une lettre de change ou sur engagement d'honneur, sur parole d'honneur, sous la foi du serment ou d'une assurance ou affirmation analogue.

Le coupable pourra être privé des droits civiques.

§ 302c. Les mêmes peines (§ 302a, § 302b) seront prononcées contre celui, qui aura acquis en connaissance des faits une telle créance et l'aura cédé à un autre ou qui aura fait valoir le gain usuraire.

§ 302d. Tout individu qui exercera le métier d'usurier ou qui se livrera d'habitude à l'usure, sera puni de l'emprisonnement de trois mois au moins et en même temps d'une amende de cent cinquante à quinze mille marks. Le coupable pourra être privé des droits civiques.

§ 302e. Les mêmes peines (§ 302d) seront prononcées contre celui qui, en exploitant la nécessité, l'imprudence ou l'inexpérience d'autrui, se sera fait promettre ou accorder d'habitude ou en en faisant un métier, à lui-même ou à une tierce personne, par rapport à une obligation autre que celles mentionnées au § 302a, un gain, qui excède tellement la valeur de la prestation, qu'il existe, vu les circonstances du cas, une disproportion évidente entre le gain et la prestation.

Vingt-sixième Section.

Destructions et dégradations.

§ 303. Quiconque aura volontairement et illégalement dégradé ou détruit un objet qui ne lui appartenait pas, sera puni d'une amende jusqu'à mille marks ou d'un emprisonnement jusqu'à deux ans.

La tentative est punissable.

La poursuite n'aura lieu que sur demande.

Lorsque ce délit aura été commis envers un proche, la demande pourra être retirée.

§ 304. Quiconque aura volontairement et illégalement dégradé ou détruit des choses faisant l'objet de la vénération d'une des sociétés religieuses établies dans l'État, ou des objets consacrés au culte, ou des monument sépulcraux, ou des monuments publics, ou des objets d'art, de science ou d'industrie conservés dans des collections publiques ou exposés en public, ou des objets d'utilité publique ou servant à l'embellissement des chemins, places ou promenades publics, sera puni d'un emprisonnement jusqu'à trois ans ou d'une amende jusqu'à quinze cents marks.

Outre la peine de l'emprisonnement, le coupable pourra être privé des droits civiques.

La tentative est punissable.

§ 305. Quiconque aura volontairement et illégalement détruit, en tout ou en partie, un édifice, une embarcation, un pont, une digue, une chaussée, un chemin de fer ou une autre construction appartenant à autrui, sera puni d'un emprisonnement d'un mois au moins.

La tentative est punissable.

Vingt-septième Section.

Crimes et délits constituant un danger public.

§ 306. Sera puni de la réclusion, comme coupable de crime d'incendie, quiconque aura volontairement mis le feu :

1° à un édifice destiné à des réunions du culte ;

2° à un édifice, à une embarcation ou à une cabane servant à l'habitation, ou

3° à un lieu servant temporairement de séjour à des personnes, lorsque le feu y aura été mis à une époque où des personnes avaient coutume d'y séjourner.

§ 307. L'incendiaire (§ 306) sera puni de dix ans de réclusion au moins ou de la réclusion à perpétuité :

1° lorsque l'incendie aura occasionné la mort d'une personne par suite de la circonstance que cette personne se trouvait, au moment du crime, dans un des lieux incendiés ;

2° lorsque le crime d'incendie aura été commis dans le but de faciliter un assassinat ou un vol à l'aide de violences, ou de provoquer une révolte, ou

3° lorsque l'incendiaire, dans le but d'empêcher ou d'entraver l'extinction du feu, aura enlevé ou mis hors d'état de servir les ustensiles destinés à l'extinction des incendies.

§ 308. Sera puni de la réclusion jusqu'à dix ans comme coupable de crime d'incendie, quiconque aura volontairement mis le feu à des édifices, embarcations, cabanes, mines, magasins, provisions de marchandises déposées à des places publiques à ce destinées, provision de produits agricoles, de matériaux de construction ou de combustibles, récoltes dans les champs, à des forêts ou tourbières, lorsque ces objets sont, soit la propriété d'autrui, soit celle de l'incendiaire, pourvu que, dans ce dernier cas, ils soient par leur nature et leur situation, propres à communiquer l'incendie à un des édifices ou lieux désignés au § 306, nos 1 à 3, ou à un des objets ci-dessus désignés appartenant à autrui.

En cas de circonstances atténuantes, la peine ne pourra pas être inférieure à six mois d'emprisonnement.

§ 309. Quiconque, par négligence ou imprudence, aura occasionné un incendie de l'espèce de ceux désignés au §§ 306 et 308, sera puni d'un emprisonnement jusqu'à un an ou d'une amende jusqu'à neuf cents marks ; lorsque cet incendie aura occasionné la mort d'une personne, le coupable sera puni d'un emprisonnement d'un mois à trois ans.

§ 310. L'auteur de l'incendie ne sera pas poursuivi, lorsqu'il aura éteint le feu avant qu'il ait été découvert, et avant qu'il en soit résulté un dommage autre que la combustion de l'objet destiné à servir de foyer à l'incendie.

§ 311. La destruction totale ou partielle d'un objet quelconque par emploi de la poudre ou d'autres substances explosives, sera assimilée à l'incendie.

§ 312. Quiconque aura volontairement causé une inondation et produit par ce fait une calamité publique de nature à mettre en danger la vie d'une ou de plusieurs personnes, sera puni de trois ans au moins de réclusion, et, lorsque l'inondation aura causé la mort d'une personne, de la réclusion pendant dix ans au moins ou de la réclusion à perpétuité.

§ 313. Quiconque aura volontairement causé une inondation qui sera devenue un danger public pour la propriété d'autrui, sera puni de la réclusion.

Si néanmoins l'auteur de l'inondation n'avait d'autre intention que de protéger sa propriété, la peine sera l'emprisonnement pendant un an au moins.

§ 314. Quiconque, par négligence ou imprudence, aura causé une inondation et produit par ce fait une calamité publique de nature à mettre en danger la vie des hommes ou les propriétés, sera puni d'un emprisonnement jusqu'à un an, et, lorsque l'inondation aura occasionné la mort d'une personne, d'un emprisonnement d'un mois à trois ans.

§ 315. Quiconque aura volontairement endommagé des établissements de chemin de fer, leur matériel roulant ou d'autres objets dépendant d'un chemin de fer, de manière à compromettre la sûreté du transport, ou quiconque, sur la voie, par de faux signes ou signaux ou d'une autre manière, aura provoqué des obstacles, pouvant compromettre la sûreté du transport, sera puni de la réclusion jusqu'à dix ans.

Lorsqu'un fait de cette nature aura occasionné une lésion corporelle grave, la peine sera la réclusion pendant cinq ans au moins, et lorsqu'il aura occasionné la mort d'une personne, le réclusion pendant dix ans au moins ou la réclusion à perpétuité.

§ 316. Quiconque, par négligence ou imprudence, aura, d'une des manières ci-dessus désignées, compromis la sûreté du transport sur un chemin de fer, sera condamné à l'emprisonnement jusqu'à un an, ou à une amende jusqu'à neuf cents marks, et, lorsqu'il en sera résulté la mort d'une personne, à un emprisonnement d'un mois à trois ans.

La même peine sera encourue par les personnes préposées à la direction du transport sur les chemins de fer et à la surveillance de la voie et du mouvement, lorsqu'elles auront, en négligeant leurs devoirs, compromis la sûreté du transport.

§ 317. Quiconque aura volontairement et illégalement empêché ou mis en danger l'usage d'un établissement télégraphique destiné à un service public en dégradant des parties ou des dépendances ou en y introduisant des altérations, sera puni d'un emprisonnement d'un mois à trois ans.

§ 318. Quiconque, par négligence ou imprudence aura, d'une des manières ci-dessus désignées, empêché ou mis en danger l'usage d'un établissement télégraphique destiné à un service public, sera puni d'un emprisonnement jusqu'à une année ou d'une amende jusqu'à neuf cents marks.

La même peine sera encourue par les personnes préposées à la surveillance et au service des établissements télégraphiques et leurs dépendances, lorsque, en negligeant leurs devoirs, elles en auront empêché ou mis en danger l'usage.

§ 318a. Les dispositions des §§ 317 et 318 s'appliquent également à la personne qui aura empêché ou mis en danger l'usage d'un établissement des postes pneumatiques destiné à un service public.

L'expression « établissement télégraphique » aux §§ 317 et 318 comprend les établissements téléphoniques.

§ 319. Lorsqu'un des employés mentionnés aux §§ 316 et 318 aura été condamné pour un des faits spécifiés aux §§ 315 à 318, il pourra en même temps être interdit d'un emploi quelconque dans l'administration des chemins de fer ou des télégraphes ou de certaines branches de ces services.

§ 320. Les chefs d'une société de chemin de fer, ainsi que ceux d'un établissement télégraphique destiné à un service public, qui n'auront pas immédiatement congédié le condamné après qu'ils auront reçu communication du jugement passé en force de chose jugée, seront puni d'une amende jusqu'à trois cents marks ou d'un emprisonnement jusqu'à trois mois.

La même peine sera encourue par celui qui, interdit d'un emploi quelconque dans les chemins de fer ou les télégraphes, se sera de nouveau fait employer dans un de ces services, de même que par ceux qui l'auront employé de nouveau, bien qu'ayant connaissance de l'interdiction prononcée contre lui.

§ 321. Quiconque aura volontairement détruit ou endommagé des conduits d'eau, écluses, bâtardeaux, digues, jetées ou autres constructions hydrauliques, ou des ponts, bacs, chemins ou portereaux ou bien les appareils d'une exploitation minière destinés à retenir les eaux, à dégager les gaz, ou à servir d'entrée et de sortie aux mineurs, ou aura entravé les passes des fleuves, rivières ou canaux navigables, et aura, par un fait de cette nature, compromis la vie ou la santé d'autrui, sera puni d'un emprisonnement de trois mois au moins.

Lorsqu'un de ces faits aura occasionné une lésion corporelle grave, la peine sera la réclusion jusqu'à cinq ans, et, lorsqu'il en sera resulté la mort d'une personne, la réclusion pendant cinq ans au moins.

§ 322. Quiconque aura volontairement détruit, enlevé ou mis hors de service un phare ou fanal destiné à la sécurité de la navigation ou un autre signal établi dans le même but, ou quiconque aura éteint des feux de cette espèce ou aura négligé, contrairement aux devoirs de sa charge, de poser le signal ou quiconque aura posé un faux signal propre à compromettre la sûreté de la navigation, quiconque notamment aura, la nuit, allumé sur les côtes un feu propre à compromettre la sûreté de la navigation, sera puni de la réclusion jusqu'à dix ans.

Lorsqu'un acte de cette nature aura fait échouer une embarcation, la peine sera de cinq ans au moins de réclusion, et lorsqu'il aura occasionné la mort d'une personne, de dix ans aux moins de réclusion ou de la réclusion à perpétuité.

§ 323. Quiconque aura volontairement fait échouer ou couler une embarcation et aura par là mis en danger la vie d'autrui, sera puni de cinq ans au moins de réclusion, et, lorsque cet acte aura occasionné la mort d'une personne, de dix ans au moins de réclusion ou de la réclusion à perpétuité.

§ 324. Quiconque aura volontairement empoisonné des réservoirs d'eau ou puits servant à l'usage d'autrui, ou des objets destinés à la vente ou à la consommation publiques, ou quiconque y aura mêlé des substances qu'il savait être nuisibles à la santé de l'homme, de même quiconque aura sciemment vendu, exposé en vente ou mis en circulation des objets ainsi empoisonnés ou mêlés de substances dangereuses, sans en prévenir l'acheteur, sera puni de la réclusion jusqu'à dix ans, et, lorsque ce fait aura occasionné la mort d'une personne, de dix ans au moins de réclusion ou de la réclusion à perpétuité.

§ 325. Outre la peine de la réclusion édictée par les §§ 306 à 308, 311 à 313, 315, 321 à 324, la surveillance de la police pourra être déclarée admissible.

§ 326. Lorsqu'un des actes spécifiés aux §§ 321 à 324 aura été commis par négligence ou par imprudence, la peine sera d'un emprisonnement jusqu'à un an s'il en est résulté un dommage, et d'un emprisonnement d'un mois à trois ans, s'il en est résulté la mort d'une personne.

§ 327. Quiconque aura sciemment enfreint les mesures d'isolement ou de surveillance ou les prohibitions d'importation établies par l'autorité compétente dans le but de prévenir l'introduction ou la propagation d'une maladie contagieuse, sera puni d'un emprisonnement jusqu'à deux ans ou d'une amende jusqu'à deux mille marks.

Lorsque, par suite de cette infraction, quelqu'un aura été atteint de la maladie contagieuse, l'emprisonnement sera de trois mois à trois ans.

§ 328. Quiconque aura sciemment enfreint les mesures d'isolement ou de surveillance ou les prohibitions d'importation établies par l'autorité compétente dans le but de prévenir l'introduction ou la propagation d'épizooties, sera puni d'un emprisonnement jusqu'à un an ou d'une amende jusqu'à mille marks.

Lorsque, par suite de cette infraction, des bestiaux auront été atteints de l'épizootie, l'emprisonnement sera d'un mois à deux ans.

§ 329. Quiconque aura volontairement mis du retard à remplir des engagements relatifs à des fournitures passées avec une autorité pour les besoins de l'armée de terre ou de mer, en temps de guerre, ou des marchés pour la livraison de vivres conclus à l'effet de prévenir ou d'écarter une calamité publique, ou quiconque aura contrairement aux stipulations convenues, volontairement manqué d'une autre manière à ces engagements, sera puni d'un emprisonnement de six mois au moins ; le coupable pourra en même temps être privé des droits civiques.

Lorsque l'inexécution des engagements proviendra de la négligence ou de l'imprudence, la peine sera d'un emprisonnement jusqu'à deux ans quand il en sera résulté un dommage.

Seront passibles des mêmes peines les sous-traitants, agents et mandataires du fournisseur, qui, bien qu'informés du but de la fourniture, auront, soit volontairement, soit par négligence ou imprudence, été la cause de l'inexécution de l'engagement.

§ 330. Quiconque, en dirigeant ou exécutant une construction, aura contrevenu aux règles généralement reçues dans l'architecture, à tel point qu'il en sera résulté un danger pour autrui, sera puni d'une amende jusqu'à neuf cents marks ou d'un emprisonnement jusqu'à un an.

Vingt-huitième Section.

Des crimes et délits commis dans l'exercice de fonctions publiques.

§ 331. Sera puni d'une amende jusqu'à trois cents marks ou d'un emprisonnement jusqu'à six mois tout fonctionnaire qui aura accepté ou exigé, ou qui se sera fait promettre des dons ou autres avantages pour faire un acte de sa compétence, alors même que cet acte n'aurait par lui-même aucun caractère illégal.

§ 332. Sera puni de la réclusion jusqu'à cinq ans, comme coupable de corruption, tout fonctionnaire qui aura accepté ou exigé, ou qui se sera fait promettre des dons ou autres avantages pour faire un acte contenant une infraction aux devoirs de ses fonctions ou de son service.

En cas de circonstances atténuantes, la peine sera celle de l'emprisonnement.

§ 333. Quiconque aura offert, promis ou accordé des dons ou autres avantages à un fonctionnaire ou à un membre de la force armée, pour le déterminer à faire un acte contenant une infraction aux devoirs de ses fonctions ou de son service, sera puni, comme coupable de corruption, de la peine de l'emprisonnement ; il pourra en même temps être privé de l'exercice des droits civiques.

En cas de circonstances atténuantes la peine pourra être d'une amende jusqu'à quinze cents marks.

§ 334. Sera puni de la peine de la réclusion tout juge, arbitre, juré ou échevin qui aura exigé ou accepté ou qui se sera fait promettre des dons ou autres avantages pour diriger ou décider en faveur ou au préjudice d'une des personnes intéressées, un procès dont l'instruction ou la décision lui sont confiées.

Sera puni de la même peine celui qui, dans le but ci-dessus indiqué, aura offert, promis ou accordé des dons ou autres avantages à un juge, arbitre, juré ou échevin. En cas de circonstances atténuantes, la peine sera celle de l'emprisonnement.

§ 335. Dans les cas spécifiés aux §§ 331 à 334, le jugement devra prononcer la confiscation au profit de l'État des objets reçus ou de leur valeur.

§ 336. Tout fonctionnaire ou arbitre, qui, dans l'instruction ou la décision d'un procès, se sera volontairement rendu coupable de prévarication en faveur ou au préjudice de l'une des parties, sera puni de la réclusion jusqu'à cinq ans.

Le § 337 est remplacé par le § 67 de la loi sur l'état civil du 6 février 1875 :

Tout prêtre ou autre ministre d'un culte, qui procédera aux cérémonies religieuses de la contractation d'un mariage, avant qu'on ne lui ait certifié que le mariage avait été contracté devant l'officier de l'état civil, sera puni d'une amende jusqu'à trois cents marks ou d'un emprisonnement jusqu'à trois mois.

Il n'y a pas d'acte punissable lorsqu'il a été procédé par le prêtre ou ministre d'un culte aux cérémonies religieuses de la confractation d'un mariage dans les cas où l'un des fiancés aura été très dangereusement malade à ne point souffrir de retard du mariage.

§ 338. Tout ministre d'un culte ou tout officier de l'état civil qui aura procédé au mariage d'une personne, sachant que cette personne était encore engagée dans les liens d'un précédent mariage, sera puni de la réclusion jusqu'à cinq ans.

§ 339. Tout fonctionnaire qui, par abus d'autorité ou par menace d'un abus d'autorité déterminé, aura illégalement contraint une personne à commettre une action, à s'en abstenir ou à tolérer qu'elle soit commise, sera puni de la peine de l'emprisonnement.

La tentative est punissable.

Dans les cas spécifiés aux §§ 106, 107, 167 et 253, la peine édictée par ces paragraphes recevra son application lors même que l'acte aura été commis par un fonctionnaire sans violence ni menace, mais par abus d'autorité ou par menace d'un abus d'autorité déterminé.

§ 340. Tout fonctionnaire qui, dans l'exercice ou à l'occasion de l'exercice de ses fonctions, aura volontairement commis ou fait commettre une lésion corporelle, sera puni d'un emprisonnement de trois mois au moins. En cas de circonstances atténuantes, la peine pourra être réduite à un jour d'emprisonnement ou à une amende jusqu'à neuf cents marks.

Lorsque la lésion sera grave, la peine sera de deux ans au moins de réclusion. En cas de circonstances atténuantes, la peine sera de trois mois au moins d'emprisonnement.

§ 341. Tout fonctionnaire, qui, volontairement et sans droit, aura procédé ou fait procéder à une arrestation, à une prise de corps, à une détention provisoire ou à l'exécution d'un mandat d'amener, ou qui, volontairement et sans droit, aura prolongé la durée d'une détention quelconque, sera puni des peines édictées par le § 239, sans que néanmoins l'emprisonnement puisse être au-dessous de trois mois.

§ 342. Tout fonctionnaire qui, dans l'exercice ou à l'occasion de l'exercice de ses fonctions, aura commis une violation de domicile (§ 123) sera puni d'un emprisonnement jusqu'à un an ou d'une amende jusqu'à neuf cents marks.

§ 343. Tout fonctionnaire qui, dans le cours d'une instruction, aura employé ou fait employer des moyens coërcitifs pour extorquer des aveux ou déclarations, sera puni de la réclusion jusqu'à cinq ans.

§ 344. Tout fonctionnaire qui aura volontairement requis ou ordonné l'ouverture ou la continuation d'une instruction contre une personne dont l'innocence lui est connue, sera puni de la réclusion.

§ 345. Sera passible de la même peine tout fonctionnaire qui aura volontairement fait exécuter une peine, sachant que cette peine ne devait point être exécutée, ou bien que la nature ou la mesure de cette peine n'étaient point conformes aux termes de la condamnation.

Lorsque ce fait aura été commis par négligence ou imprudence, la peine sera l'emprisonnement ou la détention dans une forteresse jusqu'à un an, ou une amende jusqu'à neuf cents marks.

§ 346. Tout fonctionnaire chargé, en vertu de ses fonctions, de la poursuite des crimes et délits ou de l'exécution des peines, sera puni de la réclusion jusqu'à cinq ans lorsque, dans l'intention de soustraire indûment une personne aux peines édictées, il aura omis de poursuivre un fait délictueux ou commis un acte de nature à amener un acquittement ou une répression non conforme à la loi, ou qui n'aura pas poursuivi l'exécution de la peine infligée, ou qui aura fait subir au condamné une peine moins forte que celle qui aura été prononcée.

En cas de circonstances atténuantes la peine sera d'un mois au moins d'emprisonnement.

§ 347. Tout fonctionnaire qui aura volontairement laissé s'évader un détenu, ou qui aura volontairement opéré ou favorisé l'évasion d'un détenu dont la surveillance, l'escorte ou la garde lui étaient confiées, sera puni de la réclusion jusqu'à cinq ans. En cas de circonstances atténuantes, la peine sera d'un mois au moins d'emprisonnement.

Lorsque l'évasion aura été favorisée ou facilitée par la négligence ou l'imprudence, la peine sera d'un emprisonnement jusqu'à six mois ou d'une amende jusqu'à six cents marks.

§ 348. Tout fonctionnaire autorisé à dresser des actes publics qui, dans l'exercice de ses attributions, aura volontairement et faussement constaté, ou volontairement et faussement transcrit sur des registres ou livres publics un fait pertinent en droit, sera puni d'un emprisonnement d'un mois au moins.

Sera passible de la même peine tout fonctionnaire qui aura volontairement détruit, supprimé, endommagé ou falsifié un acte qui lui était confié ou qui était à sa portée à raison de ses fonctions.

§ 349. Lorsque l'un des faits désignés au § 348 aura été commis dans l'intention de s'attribuer un gain à soi-même ou d'en attribuer à une tierce personne, ou de causer un préjudice à autrui, le coupable sera puni de la peine de la réclusion jusqu'à dix ans, et, en même temps, d'une amende de cent cinquante à trois mille marks.

§ 350. Tout fonctionnaire qui aura détourné des deniers ou autres objets qu'il avait reçus ou dont il était le dépositaire en vertu de ses fonctions, sera puni d'un emprisonnement de trois mois au moins ; il pourra, en outre, être privé de l'exercice des droits civiques.

La tentative est punissable.

§ 351. Lorsqu'à l'occasion de ce détournement le fonctionnaire aura tenu irrégulièrement, falsifié ou supprimé des comptes, registres ou livres destinés à l'enregistrement ou au contrôle des recettes ou dépenses, ou lorsqu'il aura présenté des bilans ou extraits inexacts desdits comptes, registres ou livres, ou des pièces justificatives inexactes, ou lorsqu'à l'occasion de ce détournement il aura inscrit de fausses indications sur les barils, sacs ou paquets contenant le numéraire, la peine sera la réclusion jusqu'à dix ans.

En cas de circonstances atténuantes, la peine sera d'un emprisonnement qui ne pourra être au-dessous de six mois.

§ 352. Tout fonctionnaire, avocat, avoué ou mandataire judiciaire quelconque qui, ayant à prétendre le paiement de droits, déboursés ou honoraires qui lui sont dus en raison de ses fonctions, aura touché des sommes qu'il savait ne lui être pas dues ou excéder ce qui lui était dû par celui qui la paie, sera puni d'une amende jusqu'à trois cents marks ou d'un emprisonnement jusqu'à un an.

La tentative est punissable.

§ 353. Tout fonctionnaire chargé, pour le compte d'une caisse publique, de la perception d'impôts, droits ou autres contributions, qui aura perçu des contributions de cette espèce qu'il savait n'être pas dues ou excéder ce qui était dû par celui qui paie, et qui n'aura pas versé dans la caisse, en tout ou partie, le montant des sommes indûment perçues, sera puni d'un emprisonnement de trois mois au moins.

Sera passible de la même peine tout fonctionnaire qui, en réglant des dépenses publiques, soit en numéraire, soit en nature, aura volontairement et illégalement commis des déductions et aura fait figurer dans ses comptes les dépenses dont il s'agit comme réglées pour leur intégralité.

§ 353a. Tout fonctionnaire au service des affaires étrangères de l'Empire d'Allemagne qui aura violé le secret professionnel en communiquant illégalement à autrui des écrits qui lui étaient confiés ou qui se trouvaient à sa disposition en raison de ses fonctions, ou bien en donnant connaissance à autrui d'un ordre émané de son chef de service ou du contenu de cet ordre, sera, en tant qu'une autre disposition légale n'édicte pas une peine plus sévère, puni d'emprisonnement ou d'une amende jusqu'à cinq mille marks.

Sera passible de la même peine tout fontionnaire chargé d'une mission à l'étranger ou attaché à une mission à l'étranger qui aura agi volontairement en contradiction avec les ordres officiellement émanés de son chef de service, ou bien qui, dans le but d'induire en erreur son chef de service dans les actes de ses fonctions, lui aura rapporté des faits dénaturés ou contraires à la vérité.

§ 354. Tout employé des postes qui, en dehors des cas prévus par la loi, aura ouvert ou supprimé des lettres ou paquets confiés à la poste, ou qui aura sciemment permis à un tiers de commettre cet acte, ou l'aura sciemment assisté, sera puni d'un emprisonnement de trois mois au moins.

§ 355. Tout employé du télégraphe, ou toute autre personne préposée à la surveillance et au service d'un établissement télégraphique destiné à un service public, qui aura falsifié les dépêches confiées à l'établissement, ou qui, en dehors des cas prévus par la loi, les aura ouvertes ou supprimées, ou qui en aura illégalement révélé le contenu à des tiers, ou qui aura sciemment permis à un tiers de commettre un acte de cette nature, ou l'aura sciemment assisté, sera puni de l'emprisonnement.

Sont assimilées aux dépêches confiées à un établissement télégraphique les communications faites au moyen d'un établissement téléphonique destinée à un service publique.

§ 356. Tout avocat, avoué ou autre mandataire judiciaire quelconque qui, dans une affaire à lui confiée à raison de ses fonctions, aura, au mépris de ses devoirs, prêté ses conseils ou son assistance en même temps à l'une et l'autre partie dans la même cause, sera puni d'un emprisonnement de trois mois au moins.

Lorsque le coupable aura agi de concert avec la partie adverse au détriment de son propre client, la peine sera la réclusion jusqu'à cinq ans.

§ 357. Tout chef de service qui aura volontairement provoqué ou entrepris de provoquer son subordonné à un acte punissable dans l'exercice de ses fonctions, ou qui aura sciemment laissé commettre un acte de cette nature par son subordonné, encourra la peine dont est puni ce fait délictueux.

Sera puni de la même manière tout fonctionnaire chargé de la surveillance ou du contrôle du service d'un autre fonctionnaire en tant que l'acte punissable commis par ce dernier touchera aux affaires à surveiller ou à contrôler.

§ 358. Outre la peine de l'emprisonnement édictée contre lui par les §§ 331, 339 à 341, 352 à 355 et 357, le coupable pourra être interdit de tout emploi public pour un an au moins et cinq ans au plus.

§ 359. Sont réputées fonctionnaires, aux termes du présent Code, toutes les personnes employées au service de l'Empire, ou employées directement ou indirectement au service d'un des États Fédéraux, soit à vie, soit temporairement, soit provisoirement, sans qu'il y ait lieu d'examiner si elles ont ou non prêté le serment professionnel. Il en est de même des notaires, mais non des avocats et avoués.

Vingt-neuvième Section.

Des contraventions.

§ 360. Seront punis d'une amende jusqu'à cent cinquante marks ou des arrêts :

1° (abrogé).

2° ceux qui, en dehors de leur profession, auront, clandestinement ou contrairement à une prohibition émanée de l'autorité, amassé des armes ou des munitions ;

3° les soldats en congé, soit de la réserve, soit de la landwehr, soit de la seewehr, qui auront émigré sans autorisation; de même les personnes faisant partie de la réserve supplémentaire (Ersatz-Reserve) de première classe qui auront émigré sans avoir prévenu l'autorité militaire de leur intention d'émigrer;

4° ceux qui, sans ordre écrit d'une autorité, auront fabriqué ou délivré à d'autres personnes qu'à l'autorité des poinçons, timbres, gravures, planches ou formes quelconques pouvant servir, soit à la fabrication des monnaies ou du papier-monnaie, ou des papiers qui, aux termes du § 149, sont assimilés au papier-monnaie, soit à la fabrication du papier timbré, des timbres mobiles, des blancs-seings timbrés, des empreintes des timbres, des timbres-poste, des timbres-télégramme ou des certificats et législations de l'autorité;

5° ceux qui, sans ordre écrit de l'autorité, auront entrepris la reproduction de poinçons, timbres, gravures, planches ou formes, spécifiés au n° 4, ou ceux qui auront entrepris l'impression de modèles de papiers, légalisations ou certificats de l'espèce mentionnée ci-dessus, ou ceux qui en auront délivré des épreuves à d'autres qu'a l'autorité;

6° ceux qui auront fabriqué ou répandu des adresses de marchands, annonces ou autres imprimés ou dessins, ressemblant pour la forme et les ornements au papier-monnaie ou aux papiers assimilés au papier-monnaie aux termes du § 149, ou ceux qui auront fabriqué des poinçons, gravures, planches ou formes quelconques pouvant servir à la fabrication de ces imprimés ou dessins;

7° ceux qui auront, sans droit, fait usage des armoiries Impériales ou de celles d'un des princes ou pays de la Confédération;

8° ceux qui, sans droit, auront porté un uniforme, un costume officiel*, les signes distinctifs d'une fonction

---

* Seront passibles de la même peine ceux qui, sans droit, auront porté des costumes ou signes distinctifs officiellement reconnus comme costumes ou signes distinctifs de gardes-malade (loi du 7 septembre 1915 — Bulletin des lois de l'Empire p. 561 —).

publique, un ordre ou une décoration ; ceux qui auront usurpé un titre, une dignité ou des titres de noblesse, de même que ceux, qui se seront servis, vis-à-vis d'un fonctionnaire dans l'exercice de ses attributions, d'un nom qui ne leur appartient pas ;

9° ceux qui, contrairement aux dispositions de la loi, et sans autorisation de l'autorité, auront fondé des caisses pour paiement de dots, caisses de secours pour le cas de décès, caisses de pensions aux veuves, établissements d'assurance ou autres sociétés ou établissements de ce genre destinés à assurer, pour le cas de l'accomplissement de certains délais ou conditions, le paiement soit d'un capital, soit d'une rente, contre versement d'une somme fixe ou de primes successives ;

10° ceux qui, le pouvant sans exposer à un danger sérieux, auront refusé de prêter le secours dont ils auront été requis par la police ou par l'autorité qui la remplace à l'occasion d'accidents, de calamité publique ou de détresse ;

11° les auteurs de bruits et tapages, troublant indûment la tranquillité des habitants, et les auteurs de désordres graves ;

12° les prêteurs sur gages et les gens faisant métier d'acheter avec faculté de rachat pour le vendeur, lorsqu'ils auront contrevenu aux règlements concernant l'exercice de leur profession ; notamment, si le prêt a été fait à un taux supérieur à celui fixé par la loi ou par ordonnance de l'autorité compétente ;

13° ceux qui auront publiquement, ou de manière à causer un scandale, méchamment tourmenté ou brutalement maltraité des animaux ;

14° ceux qui, sans autorisation, auront tenu des jeux de hasard dans les chemins publics, rues, places publiques ou lieux de réunions publics.

Dans les cas spécifiés aux nos. 2, 4, 5, 6 et 14 le tribunal pourra, outre l'amende ou les arrêts, prononcer la confiscation des armes ou munitions, des poinçons, timbres, gravures planches ou autres formes, des épreuves ou reproductions, ou de l'argent se trouvant sur les tables à jeu ou dans la banque, sans distinguer s'ils appartiennent ou non aux condamnés.

§ 361. Seront puni des arrêts:

1° ceux qui, placés sous la surveillance de la police, auront contrevenu aux prohibitions auxquelles ils sont tenus de se soumettre de ce chef;

2° ceux qui, après avoir été expulsés du territoire de la Confédération ou d'un État Fédéral, y seront rentrés sans autorisation;

3° ceux qui parcourent le pays en se livrant au vagabondage;

4° ceux qui se livrent à la mendicité ou provoquent des enfants à la mendicité, ou qui les envoient mendier, ou ceux qui négligent de détourner de la mendicité des personnes soumises à leur puissance et surveillance, et appartenant à leur menage;

5° ceux qui s'adonnent au jeu, à l'ivrognerie ou à loisiveté de manière à tomber dans un état nécessitant l'intervention de l'autorité pour leur procurer, à eux ou aux personnes dont l'entretien leur incombe, des secours étrangers;

6° les femmes qui, étant soumises comme prostituées à la surveillance de la police, auront désobei aux règlements établis par la police dans un intérêt d'hygiène, d'ordre public ou de bienséance publique; ou qui, sans êtres soumises à la surveillance de la police, font métier de se prostituer;

7° ceux qui, recevant des secours de l'assistance publique, auront refusé, par simple paresse, d'exécuter les travaux proportionnés à leurs facultés qui leurs sont assignés par l'autorité;

8° ceux qui, ayant perdu leur occupation et leur asile ordinaires, ne s'en seront pas procuré d'autres dans le délai fixé par l'autorité, à moins qu'ils ne puissent justifier qu'ils ont fait à cet égard toutes les diligences nécessaires;

9° ceux qui négligent d'empêcher leurs enfants ou autres personnes placés sous leur puissance, qui sont soumis à leur surveillance et font partie de leur ménage, de commettre des vols ou des contraventions aux lois sur la douane ou les impôts ou bien aux lois relatives à la conservation des forêts, des produits ruraux, de la chasse ou de la pêche. Restent néanmoins en vigueur les dispositions de ces lois relatives à la responsabilité quant aux amendes et autres obligations pécuniaires auxquelles l'auteur de l'infraction pourrait être condamné;

10° ceux qui, bien qu'étant en état de fournir entretien à ceux, à qui ils sont tenus de le fournir, se soustraient, malgré la sommation de l'autorité compétente, à cette obligation à un tel degré que l'autorité doit réclamer l'assistance d'autrui.

Dans les cas prévus par les numéros 9 et 10 ci-dessus, le juge pourra, au lieu des arrêts, appliquer l'amende jusqu'à cent cinquante marks.

§ 362. Ceux qui auront été condamnés en vertu du § 361 nos. 3 à 8, pourront, soit dans l'enceinte de l'établissement de détention, soit même, s'ils sont tenus isolés de la classe des travailleurs libres, hors de l'enceinte de cet établissement, être employés à des travaux proportionnés à leurs facultés et à leur position.

En prononçant la condamnation à la peine des arrêts, le juge pourra en même temps ordonner que le condamné, à l'expiration de sa peine, sera mis à la disposition de la haute police. Dans le cas prévu au § 361 n° 4, cette mesure ne pourra néanmoins être prise contre le condamné que lorsque, dans le cours des trois dernières années, il aura été plusieurs fois condamné pour la même contravention en vertu de jugements passés en force de chose jugée, ou lorsqu'il aura mendié en usant de menaces ou étant porteur d'armes.

Par la mise à sa disposition la haute police est autorisée, soit à transférer le condamné dans une maison de travail pour deux ans au plus, soit à l'employer à des travaux d'utilité publique. Dans les cas prévus au § 361 n° 6 la haute police pourra, au lieu de transférer la condamnée dans une maison de travail, la placer dans une maison d'éducation ou une maison de correction ou un asyle; le placement dans une maison de travail sera inadmissible, tant que la condamnée n'aura pas accompli la dix-huitième année lors de la condamnation.

Lorsque l'individu mis par le jugement à la disposition de la haute police sera un étranger, celle-ci, au lieu de le transférer dans une maison de travail, pourra l'expulser du territoire de la Confédération.

§ 363. Quiconque, dans le but de tromper des autorités ou des particuliers, à l'effet d'améliorer sa situation ou de faciliter son voyage, ou de procurer ces avantages à un tiers, aura frauduleusement fabriqué ou falsifié des passe-ports, congés militaires, livrets de compagnons ou autres papiers destinés à constater l'identité d'une personne, ou des livrets de domestiques ou d'ouvriers ou autres certificats prescrits par les règlements, ou encore des certificats de bonne conduite ou de capacité, ou quiconque aura sciemment fait usage d'un document de cette nature faux ou falsifié, sera puni des arrêts ou d'une amende jusqu'à cent cinquante marks.

Sera puni de la même peine celui qui, dans le même but, aura fait usage de papiers véritables de cette nature délivrés à une autre personne, comme s'ils lui avaient été délivrés à lui-même, ou qui, dans le même but, aura cédé à une autre personne des papiers de cette nature qui lui avaient été délivrés pour son usage personnel.

§ 364. Sera puni d'une amende jusqu'à cent cinquante marks quiconque aura sciemment cédé ou mis en vente du papier timbré ayant déjà servi précédemment à la rédaction d'un acte, après en avoir effacé en tout ou en partie les caractères qui y étaient inscrits, ou quiconque aura sciemment cédé ou mis en vente des timbres mobiles, blancs-seigns timbrés ou empreintes de timbres mobiles découpées ou détachées, de l'espèce de celles désignées au § 276, ayant déjà servi antérieurement.

Sera puni de la même peine celui qui aura sciemment cédé ou mis en vente des timbres-poste ou des timbres-télégramme ayant déjà servi, après y avoir enlevé tout ou en partie les marques d'oblitération.

§ 365. Quiconque sera resté, au delà des heures déterminées par la police, dans un cabaret ou un lieu de réjouissances public, au mépris de l'avertissement donné par le maître de l'établissement ou son représentant, ou par un officier de police, sera puni d'une amende jusqu'à quinze marks.

Le maître de l'établissement, qui aura toléré la présence de consommateurs à une heure prohibée, sera puni d'une amende jusqu'à soixante marks ou de la peine des arrêts jusqu'à quinze jours.

§ 366. Sera puni d'une amende jusqu'à soixante marks ou des arrêts jusqu'à quinze jours :

1° quiconque aura contrevenu aux règlements qui ont pour but de prévenir les troubles apportés à la célébration des dimanches et jours de fête ;

2° quiconque en circulant à cheval ou en voiture, dans les villes ou villages, aura pris une allure trop rapide, ou quiconque compromettra la sûreté du public en dressant des chevaux de trait ou de selle dans les rues ou places publiques des villes ou villages ;

3° quiconque, dans les chemins, rues, places ou cours d'eau publics, aura méchamment empêché le passage des voitures ou bateaux ;

4° quiconque, dans l'intérieur des villes, conduira un traîneau sans timon fixe ou sans sonnettes ni grelots ;

5° quiconque, sans prendre les précautions nécessaires, conduira ou laissera stationner des animaux dans les villes ou villages, sur les chemins, rues ou places publics ou en d'autres lieux où ces animaux peuvent occasionner un dommage en s'échappant, en ruant ou d'une autre manière ;

6° quiconque aura excité des chiens contre les personnes ;

7° quiconque aura jeté des pierres ou d'autres corps durs, ou des immondices sur des personnes, sur des chevaux ou autres bêtes de trait ou de charge, ou contre les maisons, édifices ou clôtures d'autrui, ou dans des jardins ou enclos ;

8° quiconque, du côté d'une rue ou d'un endroit fréquenté du public, aura placé ou suspendu sans attache convenable des objets qui pourraient par leur chute causer un dommage à quelqu'un ou quiconque aura versé ou jeté quelqu'objet de nature à pouvoir blesser ou salir quelqu'un;

9° quiconque aura déposé ou abandonné sur des chemins, rues, places ou cours d'eau publics des objets de nature à embarrasser la libre circulation;

10° quiconque aura contrevenu aux règlements de police concernant la sécurité, la commodité, la propreté ou la tranquillité des chemins, rues, places, et cours d'eau publics.

§ 366a. Quiconque aura contrevenu aux règlements de police sur la protection des dunes, des rives des fleuves et rivières, ainsi que de celles de la mer, et des plantations et promenades y établies, sera puni d'une amende jusqu'à cent cinquante marks ou de la peine des arrêts.

§ 367. Sera puni d'une amende jusqu'a cent cinquante marks ou des arrêts:

1° quiconque, à l'insu de l'autorité, aura inhumé ou supprimé un cadavre, ou quiconque aura indûment soustrait une partie d'un cadavre à la personne qui en a le droit de dépôt;

2° quiconque aura contrevenu aux règlements de police défendant les inhumations prématurées;

3° quiconque, sans autorisation de la police, aura préparé, mis en vente, vendu ou livré à autrui d'une manière quelconque des poisons ou médicaments dont la vente n'est pas libre;

4° quiconque, sans y être dûment autorisé, aura fabriqué de la poudre ou d'autres substances explosives, ou des pièces d'artifice:

5° quiconque ne se sera pas conformé aux règlements sur la conservation ou le transport des substances vénéneuses, de la poudre ou des pièces d'artifice, ou bien sur la conservation, le transport, la distribution ou l'emploi des matières fulminantes ou explosives, ou sur la fabrication ou le débit desdits objets, ainsi que des médicaments ;

5a° quiconque ne sera pas conformé aux règlements sur l'expédition et le transport par la poste des substances inflammables ou corrosives ;

6° quiconque aura conservé des marchandises, substances ou objets quelconques sujets à prendre feu par eux-mêmes ou à être facilement enflammés, dans des lieux ou réduits où leur combustion pourrait devenir dangereuse, ou quiconque aura gardé, sans les isoler, des matières qui ne peuvent être placées ensemble sans qu'il y ait lieu de craindre une combustion ;

7° quiconque aura débité ou vendu des boissons ou denrées alimentaires falsifiées ou corrompues, notamment de la viande trichineuse ;

8° quiconque, sans permission de la police, aura posé des torpilles ou autres engins de cette nature, traquets ou chausse-trappes dans des endroits habités ou des lieux fréquentés, ou quiconque y aura fait usage de fusils ou d'autres armes à feu ou tiré des feux d'artifice ;

9° quiconque, au mépris des règlements, aura mis en vente ou porté sur lui des armes blanches ou des armes à feu dissimulées dans des tubes, dans des cannes ou d'une autre manière ;

10° quiconque, dans une rixe à laquelle il se trouvera mêlé non sans sa faute, ou dans un acte d'agression, se sera servi d'une arme, notamment d'un couteau ou d'un autre instrument dangereux ;

11° quiconque, sans la permission de la police, aura tenu chez lui des animaux sauvages dangereux, ou laissé divaguer des animaux féroces ou malfaisants, ou quiconque aura négligé à leur égard des précautions nécessaires pour prévenir un dommage ;

12° quiconque, sur des chemins, rues ou places publics, dans des cours, maisons, ou généralement dans des endroits où l'on a l'habitude de circuler, aura laissé à découvert ou sans garde des puits, caves, fosses, ouvertures ou abaissements de terrain, de manière qu'il en puisse résulter un danger pour autrui ;

13° quiconque, au mépris d'un avertissement qui lui a été donné par la police, aura négligé de réparer ou de démolir des édifices menaçant ruine ;

14° quiconque aura entrepris la construction ou la réparation d'édifices, puits, ponts, écluses ou autres bâtisses, sans avoir pris les précautions ordonnées par la police ou indiquées par la prudence ;

15° quiconque, qu'il soit entrepreneur, architecte ou ouvrier en constructions, aura, sans autorisation ou en s'écartant du plan autorisé, executé ou fait exécuter une construction ou réparation quelconque qui devait être préalablement soumise à l'autorisation de la police ;

16° quiconque ne se sera pas conformé aux règlements de la police sur les ventes publiques aux enchères ainsi que sur la vente des liqueurs spiritueuses avant ou pendant les ventes publiques aux enchères.

Dans les cas spécifiés aux nos. 7 à 9, outre l'amende ou les arrêts, le juge pourra ordonner la confiscation des boissons ou denrées falsifiées ou corrompues, des torpilles, traquets ou chausse-trappes, et des armes prohibées, sans examiner si ces objets appartiennent ou non au condamné.

§ 368. Sera puni d'une amende jusqu'à soixante marks ou de la peine des arrêts jusqu'à quinze jours :

1° quiconque aura contrevenu aux bans de vendanges réglés par la police ;

2° quiconque aura négligé d'écheniller dans les lieux où ce soin est prescrit par les lois ou des règlements de police ;

3° quiconque, sans la permission de la police, aura construit un nouveau foyer ou déplacé un foyer déjà existant ;

4° quiconque n'aura pas veillé à ce que les foyers de sa maison soient en bon état de construction et entretenus de manière à ne pas présenter de danger d'incendie, ou n'aura pas veillé à ce que les cheminées soient ramonées à temps ;

5° quiconque sera entré avec des lumières ou feux découverts dans des granges, étables, écuries, greniers ou autres dépots de matières inflammables, ou s'en sera approché avec des feux ou lumières de cette nature ;

6° quiconque aura allumé des feux à des endroits dangereux dans des forêts ou des landes, ou à proximité dangereuse d'édifices ou de matières inflammables ;

7° quiconque aura tiré des coups de feu ou allumé des feux d'artifice dans le voisinage d'édifices ou de matières inflammables, à une distance où il y a danger d'incendie ;

8° quiconque ne sera pas pourvu des appareils prescrits par la police pour l'extinction des incendies, ou quiconque n'entretiendra pas ces appareils en bon état, ou quiconque ne se conformera pas aux autres règlements publiés par la police touchant les incendies ;

9° quiconque, sans droit, sera entré ou aura passé soit à pied, soit en voiture, soit à cheval, ou quiconque aura conduit ses bestiaux dans des jardins ou des vignes, ou avant la récolte, sur des prairies, pâturages, bois en défends entourés de clôtures, ou dont l'entrée est interdite par des signes usités, ou dans un chemin particulier défendu au moyen de signes usités ;

10° quiconque sera rencontré en appareil de chasse sur le terrain de chasse d'autrui en dehors du chemin destiné à l'usage commun, quand même il n'aurait pas fait acte de chasse, à moins qu'il ne soit pourvu du consentement du propriétaire de la chasse ou d'une autre autorisation ;

11° quiconque aura, sans droit, déniché des œufs ou couvées d'oiseaux de chasse ou d'oiseaux chanteurs.

§ 369. Seront punis d'une amende jusqu'à cent marks ou de la peine des arrêts jusqu'à quatre semaines :

1° les personnes qui, sans ordre de l'autorité ou sans le consentement du maître d'un appartement, auront confectionné des clefs pour des chambres, clôtures ou objets mobiliers quelconques se trouvant dans l'appartement, ou qui auront ouvert les serrures de ces chambres, clôtures ou objets mobiliers, ou qui auront confectionné des clefs pour la porte de la maison sans le consentement du maître de la maison ou de son représentant, ou qui auront, sans permission de la police, délivré des passe-partout ou rossignols;

2° (est abrogé et remplacé par le § 22 de la loi du 30 mai 1908 sur les poids et mesures.)

3° les industriels ou artisans, travaillant au feu, qui ne se seront pas conformés aux règlements de police concernant la construction et la surveillance de leurs foyers, ainsi que la manière de se servir du feu et le temps pendant lequel il pourra être allumé.

§ 370. Sera puni d'une amende jusqu'à cent cinquante marks ou de la peine des arrêts:

1° quiconque, sans droit, en bêchant ou en laborant, aura usurpé une portion du terrain d'autrui, ou d'un chemin public ou particulier, ou d'un talus mitoyen;

2° quiconque aura enlevé sans droit, dans un chemin public ou particulier, de la terre, des pierres ou du gazon, ou aura extrait d'un terrain appartenant à autrui de la terre, de la terre glaise, du sable, du gravier ou de la marne, ou de l'humus des landes, ou quiconque aura enlevé d'un terrain appartenant à autrui du gazon, des pierres, du minerai ou d'autres objets analogues, dont l'exploitation n'est pas assujettie à une investiture, concession ou permission de l'autorité;

3° quiconque aura acheté ou accepté en gage d'un sous-officier ou d'un simple soldat de l'armée de terre ou de mer des objets d'uniforme ou d'équipement, sans une permission écrite de son commandant;

4° quiconque, sans droit, aura pêché des poissons ou des écrevisses;

5° quiconque aura dérobé ou détourné, pour les consommer sans retard, des denrées, boissons, comestibles ou autres objets de consommation de ménage en quantité minime ou d'une valeur insignifiante.

Ne donnera pas lieu à poursuites le détournement commis par des parents de la ligne ascendante envers des parents de la ligne descendante ou par un époux envers l'autre ;

6° quiconque aura, contre le gré du propriétaire, enlevé du grain ou autres objets destinés ou propres à la nourriture du bétail, pour les donner à manger au bétail du propriétaire.

Dans les cas prévus par les nos. 5 et 6, la poursuite n'aura lieu que sur demande. La demande pourra être retirée.

Kolibri 360 GmbH
Ferdinand-Jühlke-Straße 7
99095 Erfurt, Deutschland
produktsicherheit@kolibri360.de